KB210196

Ask, and it will be given to you; Seek, and you will find; Knock,
and the door will be opened to you.(Matthew 7:7)
구하라, 그리하면 너희에게 주실 것이요; 찾으라, 그리하면 찾아낼 것이요; 문을 두드리라,
그리하면 너희에게 열릴 것이니." (마태복음 7장 7절)
* ASK 공부법은 마태복음 7장 7절에서 얻은 영감을 통해서 개발되었다.

ASK 공부법

공부혁명, 공부의 달인 되기

한 윤 봉

애장간

ASK 공부법
공부혁명, 공부의 달인되기

지은이	한윤봉
초판발행	2016년 7월 22일
펴낸이	배용하
책임편집	배용하
일러스트	천정연
등록	제364-2008-000013호
펴낸 곳	도서출판 대장간
	www.daejanggan.org
등록한 곳	대전광역시 동구 우암로 75-21 (삼성동)
편집부	전화 (042) 673-7424
영업부	전화 (042) 673-7424 전송 (042) 623-1424
분류	교육	공부법	자기계발
ISBN	978-89-7071-384-7 (13370)
가격	10,000원

서문

누구나 쉽게 적용할 수 있는
천재성을 회복하고, **창의력을 키우는**
ASK 공부법

교단에서 학생들을 가르친 지도 어언 25년이란 세월이 흘렀다. 그동안 학생들을 가르치면서 느낀 점은 학생들이 공통적으로 공부하는 것을 어려워하고, 재미없어 한다는 것이다. 좀 더 솔직히 말하면, 공부 잘 하는 학생들보다 공부 못하는 학생들이 더 많다. 배운 지식을 잘 활용하는 학생들보다, 무엇을 배웠는지도 모르는 학생들이 더 많다. 도대체 왜 이런 결과가 나올까, 도대체 무엇이 문제일까?

학생들을 상담하면서 얻은 결론은 두 가지이다. 즉, '교육 방법과 공부 방법'에 문제가 있다는 것이다. 선생은 학생들을 잘 가르치려고 하고, 학생들은 공부를 잘 하려고 하지만, 잘 안 되는 이유는 방법에 문제가 있기 때문이다. 이 문제를 해결하기 위해서는 교육자와 피교육자가 함께 고민해야 한다.

서점에는 '공부 잘 하는 방법'을 소개하는 책들이 많다. 공부의 신으로 불리는 저자들도 다수 있다. 그러나 저자마다 교육 철학과 경험이 다르고, 대상이 다르고, 생각이 다르기 때문에 공부 방법이 다양하다. 따라서 보편적으로 누구나, 전공 분야에 상관없이 쉽게 적용할 수 있는 공부 방법이 마땅히 없다는 것이 나의 결론이다.

교육자는 새로운 지식을 알기 쉽게 잘 가르쳐야 하고, 학생들은 그것을 잘 배우고 활용할 수 있도록 공부해야 한다. 아무리 잘 가르쳐도 학생이 스스로 공부하지 않으면 아무런 소용이 없다. 그런데 문제는 학생들이 공부하는 것을 싫어하고 잘 하지 않는다는 것이다. 도대체 그 이유가 무엇이기에 학생들이 공부하는 것을 싫어할까? 그 이유가 해결되지 않으면 공부는 큰 스트레스가 된다.

공부를 싫어하고 잘 못하는 학생이라도 잘 하는 것이 있다. 그것은 노는 것과 운동하는 것이다. 왜 그럴까? 그 이유는 간단하다. 노는 것이 재미있고, 운동하는 것이 재미있기 때문이다. 사람은 무엇을 하든지 간에 재미가 있으면, 스트레스 안 받고 열심히 잘 한다.

필자는 불어나는 체중을 조절하고 건강을 유지하기 위해 10년 동안 헬스클럽에 등록하여 다닌 적이 있다. 처음에 시작할 때는 뱃살을 빼야겠다는 목표가 있었기에 기대가 컸었다. 실제로 해보니 땀도 많이 나고 체중도 줄고 나름 재미가 있었다. 그런데 어느 정도 체중이 빠진 이후로는 더 이상 줄지 않았다. 무엇보다 혼자서 하는 운동이라 재미를 느낄 수 없었다. 바쁜 일이 있으면, 일을 핑계 삼아 헬스장에 가지 않는 날이 점점 많아 졌다. 헬스장에 간 날들을 계산해보니 일 년에 총 60일도 안되었다. 전혀 안 가는 것보다는 낫다는 생각으로 그렇게 10년 동안을 다녔다.

재미있게 할 수 있는 운동이 무엇일까 찾다가, 2년 전에 탁구를 시작했다. 일주일에 두 번 레슨을 받고, 탁구 동호회 회원들과 게임을 한다. 처음에는 탁구공도 제대로 맞추지 못했었는데, 한 달, 두 달 지나면서 실력이 향상되기 시작했고, 지금은 꽤 치는 편이다. 탁구공은 작고 가볍지만, 어떻게 치느냐에 따라 변화가 무쌍하다. 무엇보다 허리를 중심축으로 하여 공이 오는 방향을 눈으로 확인하고, 다리를 수

시로 움직이며 하는 운동이라서 온 몸이 부지런해야 한다. 또한 땀이 쉴 새 없이 나기 때문에 물을 자주 마셔야 한다. 레슨을 받으면서 탁구 치는 다양한 방법을 배우는 것이 재미있다. 시합할 때는 배운 것을 바로 시도해보고, 잘 못하는 점을 생각하면서 고칠 수 있어서 좋다. 무엇보다 상대방이 잘 해도, 내가 못 해도 서로 웃으면서 재미있게 탁구를 칠 수 있어서 더욱 좋다. 옆구리 살, 볼 살이 빠지면서 체중이 줄어들고, 건강이 좋아지는 것은 덤이다. 이렇게 재미가 있으니, 요즘은 짬만 나면 탁구장으로 달려간다.

공부도 마찬가지다. 공부하는 것이 재미있다면, 스트레스 받지 않으면서 공부를 열심히 꾸준히 잘 할 수 있을 것이다. 새로운 지식을 알게 되는 재미, 배운 지식을 실생활에 응용하고 활용할 수 있는 재미를 찾아 줄 수 있는 공부 방법이 있다면, 공부는 노동이 아니라 즐거움과 기쁨이 될 것이다.

재미있는 운동을 할 때처럼, 재미있게 할 수 있는 공부 방법이 없을까? 누구나 쉽게 적용할 수 있으면서 창의성을 키울 수 있는 교육 방법과 공부 방법은 무엇일까? 그동안 학생들을 가르치고 상담하면서 이런 질문을 수도 없이 반복했다.

거듭된 질문과 생각과 실험을 통해서 개발된 방법이 'ASK 공부법'과 'ASK 교육법'이다. ASK 공부법은 아래의 마태복음 7장 7절에서 얻은 영감을 통해서 개발되었음을 밝힌다.

> 구하라, 그리하면 너희에게 주실 것이요 ; 찾으라, 그리하면 찾아낼 것이요 ; 문을 두드리라, 그리하면 너희에게 열릴 것이니_{마태복음 7장 7-8절}
>
> **Ask**, and it will be given to you ; **Seek**, and you will find ; **Knock**, and the door will be opened to you. _{Matthew 7:7}

Ask, Seek와 Knock에서 첫 글자를 따서 **'ASK 공부법'**이라고 이름을 붙였다. 'ASK 공부법'의 핵심은 내가 모르는 것이 무엇인지 질문하고_{Ask a question}, 궁금_{질문}한 것에 대한 해답을 찾고_{Seek a solution}, 새로 알게 된 지식을 확인하고 응용하는 것_{Knock the door of knowledge}이다.

ASK 공부법을 개발하기 전에 학생들이 왜 공부를 싫어하는지, 그 이유를 분석하였다. 그 이유는 배울수록 모르는 것은 줄어들고 아는 것이 점점 많아져야 할 텐데, 실상은 그 반대현상이 나타나기 때문이다. 따라서 학생들은 시간이 흐를수록 공부시간에 집중력도 떨어지고, 수업 참여도도 줄어들고, 지루해하면서 어서 수업시간이 끝나기만을 기다린다.

4장 '공부혁명-ASK 공부법'에서는 공부의 원리를 소개하고, 그 원리를 바탕으로 개발된 'ASK 공부법'을 소개한다. 이 방법은 누구나 어렸을 때부터 적용했던 공부 방법으로서 천재성을 유지하고, 창의력, 상상력, 논리력과 응용력을 키워준다. ASK 공부법의 원리는 공부뿐만 아니라, 연구, 사업, 경영, 문화, 예술, 스포츠 등 모든 분야에서 누구나 쉽게 적용할 수 있다. 그리고 이 공부법은 경쟁을 유도하지 않는다. 공부 동아리를 통해서 모르는 것에 대하여 서로 토론하며 협력하여 해결하기 때문에 친구가 경쟁의 대상이 아니라 나를 도와주는 '좋은 친구'가 된다. 'ASK 공부법'은 인성교육과 건강한 인격형성에도 도움을 준다.

ASK 공부법을 적용한 학생들의 공통적인 반응은 다음과 같다.

공부가 쉽고, 재미있게 되었다. 그리고 자신감이 생기고 성적이 오른다.

'ASK 공부법'은 공부 때문에 세계에서 가장 많은 스트레스를 받는 우리나라 학생들이 스트레스 받지 않고 공부할 수 있도록 하고, 국가적인 문제로 해결해야 할 난제인 사교육비 때문에 고생하는 학부모들의 스트레스를 덜어주기 위해 개발되었다. ASK 공부법을 통해서 우리의 자녀들이, 학부모들이 행복했으면 좋겠다. 이 책이 나오기까지 끊임없이 간섭해주신 하나님께 감사와 영광을 드린다.

2016년 어느 날
연구실에서 한윤봉

차례

1

어린이는 누구나 천재다

1. 어린이는 궁금한 것이 많다

"엄마, 이게 뭐야?"

"왜 이렇게 생겼지?"

"이게 뭐하는 데 사용되는 거지?

얼마 전에 국제학술회의 참석차 미국 출장을 갔다가 귀국하는 길에 샌프란시스코에서 인천행 비행기를 탄 적이 있다. 내 옆 자리에는 남자 어린이와 젊은 엄마가 나란히 앉아 있었다.

아이는 잠시도 쉬지 않고 두리번거리며, 손으로 이것 저것을 만져보며 엄마에게 질문을 하였다. 그 때마다 엄마는 조용조용 대답을 해 주었다. 내가 아이에게 물었다.

"몇 살이니?"

"네 살이요. 내년에는 다섯 살이 돼요."

묻지 않은 것까지 대답하는 것을 보니 붙임성도 있고 영민한 아이였다.

"궁금한 게 많지?"

"네!"

아이는 고개를 크게 끄덕였다.

드디어 비행기가 움직이기 시작하였고, 활주로에 이르러 이륙신호를 기다리기 위해 멈췄다.

"어, 비행기가 멈췄다. 엄마 비행기가 왜 안 가?"

어른들은 이런 질문을 하지 않는다. 비행기가 이륙하기 위해서는 이륙신호가 떨어질 때까지 기다려야 함을 알기 때문이다. 드디어 비행기가 이륙하기 위하여 빠른 속도로 움직이기 시작했다.

"와! 움직인다."

"그런데 엄마, 소리가 왜 이렇게 커?"

어린 아이들은 귀찮을 정도로 질문을 많이 한다. 어른들은 알고 있는 것들이지만, 아이들은 궁금하고 모르는 것이 많기 때문이다.

인간은 태어나면서부터 지적 호기심을 갖고 태어난다. 사람은 눈과 귀와 머리가 있기 때문에 새로운 것을 보거나 듣게 되면 궁금증을 갖게 된다. 궁금증 때문에 계속 생각을 하며, 해답을 얻으려고 노력한다.

지적 호기심 때문에 아기들은 눈을 뜨면서부터 눈을 두리번거리거나, 소리를 듣기 위해 귀를 쫑긋 세우거나, 무언가를 잡아 보려고 손짓을 하거나, 소리를 지르는 등 다양한 행동을 한다. 이런 행동들은 지적 호기심 때문에 생긴다.

사람은 궁금한 것, 즉 지적 호기심을 해결하기 위해 계속 생각을 하며 다양한 정보들을 입수하고, 입수한 정보를 종합해서 궁금한 점들을 하나하나 해결해 간다. 어린 아이들도 마찬가지이다.

어린 아이들은 궁금증을 풀기 위해 실패를 두려워하지 않는다. 궁금한 게 풀릴 때까지 실패를 반복한다. 반복되는 실패를 통해서 그 이유를 알게 되면, 더 이상 만지지 않거나 조심하게 된다.

또한 실패를 통해 습득한 지식을 종합하고, 확인하는 과정을 거친다. 그리고 그 지식을 이용하여 부딪치는 문제들을 해결하는 방법을 하나하나 스스로 배워 간다.

아이가 좌석에 설치된 모니터에 있는 리모컨을 꺼내들었다. 이리 저리 살펴보고 만져보고 손가락으로 꾹꾹 눌러 보았다.

"엄마, 이게 뭐야?"

"리모컨인데, 노아가 좋아하는 영화를 볼 수 있단다."

"우리 집 리모컨이랑 모양이 틀리네."

"엄마, 이렇게 하는 거 맞지?"

"그래, 맞아. 잘 하네."

아이는 리모컨 버튼들을 몇 번이고 눌러보면서 작동하는 방법을 조금씩 배우기 시작했다. 화면이 움직일 때마다 좋아서 손뼉을 치기도 하며, 소리 내어 웃기도 했다. 궁금증이 풀릴 때마다 아이는 기분이 좋았다.

아이가 한 참 동안을 가끔씩 엄마의 도움을 받으면서 리모컨을 만지더니, 마침내 아이들이 좋아하는 만화 '뽀롱뽀롱 뽀로로'를 골라서 보기 시작했다.

2. 어린이는 누구나 천재다

　유아기 아이들의 행동을 보면 재미있다. 아기들은 눈을 뜨기 시작하기 전까지는 귀로 엄마와 아빠의 목소리를 듣는다. 그리고 아기들은 엄마배속에서부터 엄마와 아빠는 어떤 모습인지, 어떤 분인지 궁금해 한다. 궁금해 할 뿐만 아니라 나름대로 상상도 한다.

　드디어 눈을 뜨게 되고, 귀로만 듣고 궁금해 하던 것들을 눈으로 확인하기 시작한다. 귀로만 듣고 마음속으로만 상상했던 엄마의 얼굴이 보이고, 아빠의 모습을 보게 된다. 궁금했던 엄마 아빠의 모습이 확인되는 순간, 아이는 첫 번째 지적 호기심이 충족되었기 때문에 비로소 방긋 방긋 웃기 시작한다. 아기들에게는 보는 것마다 신기하고 탐구의 대상이 된다.

두 팔을 짚고 기기 시작할 때부터 아기는 더 부산해지고 적극적으로 행동하기 시작한다. 눈으로 새로운 것을 보면 궁금증즉, 지적 호기심이 생기고, 그 궁금증을 풀기 위해 아기는 가만히 있지 않고 적극적으로 행동을 한다. 아기들은 지적 호기심을 해결하기 위해 자신이 할 수 있는 모든 능력, 즉 오감五感을 사용한다.

아기들은 무엇인가를 처음으로 보게 되면, 그게 무엇인가 궁금하기 때문에 궁금증을 풀기 위해 행동하기 시작한다. 가까이 기어가서 요리 저리 들여 다 보고시각, 손으로 만져 보고촉각, 코에 갖다 대어 냄새를 맡아 보고후각, 입에 넣어서 맛을 보기도 하고미각, 바닥에 두드리면서 소리를 들어 보기도청각한다. 이렇게 함으로써 유아기 때부터 뇌가 발달하기 시작하며, 세상을 살아가는 데 필요한 지식들을 하나하나 습득해 간다.

지적 호기심을 해결하는 과정에서 아이들은 대단한 집중력을 가지고 할 수 있는 모든 능력즉, 오감을 이용하여 궁금증을 풀어 간다. 여러 번의 실패와 시행오차가 거듭되는 반복 학습 과정을 거쳐서 드디어 궁금증이 풀렸을 때, 아이들은 손뼉을 치며, 소리 내어 웃으며, 흡족해 하며 기뻐한다.

아이들이 움직이는 근본적 이유는 궁금증, 즉 지적 호기심 때문이다. 아이들은 궁금증이 생기면 궁금증을 풀기 위해, 새로운 지식 습득을 위해 오감을 사용한다. 이러한 면에서 궁금증이 바로 인간 행동의 원인이라고 할 수 있다. 이는 곧 세상에 존재하는 것들에 대한 궁금증이 지식 습득에 필요한 동기가 됨을 뜻한다.

아이들은 세상에서 태어나 눈을 뜨면서부터 처음 보는 것들이 너무 많다. 보는 것마다 신기하고 궁금하다. 인생에서 지적 호기심이 가장 왕성한 때가 바로 유아기 생후 1년 내지 1년 반부터 만 6세에 이르기까지의 시기에서부터 유년기 초등학교 3학년까지라고 할 수 있다. 이 시기에는 궁금한 게 너무 많기 때문에 끊임없이 질문을 한다.

끊임없이 질문한다는 것은 끊임없이 생각한다는 것을 뜻한다. 끊임없는 질문과 생각을 하면서 몰입하게 되고, 드디어 궁금증에 대한 해답을 얻게 될 때 말할 수 없는 기쁨을 느낀다.

아이들이 궁금증에 대한 나름대로의 해답을 얻었을 때,

자기가 새롭게 알게 된 사실지식에 대하여 부모에게 얘기한다. 그러기 때문에 유년기의 아이들은 종종 어른들이 생각지도 못했던 말과 행동으로 부모들을 놀라게 한다. 그래서 대부분의 부모들은 '우리 아이는 천재'라고 생각한다. 그러나 그 아이들이 자라면서 천재성이 없어지고, 부모들은 '우리 아이가 어렸을 땐 천재였는데…'하고 한숨짓는다.

그렇다. 아이들은 어렸을 때는 누구나 천재다.

그런데 문제는 그 천재성이 나이가 들면서 점점 없어진다는 사실이다. 아이들이 자라면서 잃어버리는 천재성을 유지시키고 발전시킬 수만 있다면 얼마나 좋을까. 아이들의 천재성을 유지시켜줄 수 있는 공부 방법은 무엇일까?

2

공부를 해야 하는 이유

1. 왜 공부를 해야 하는가?

'사람은 왜 사는가?'라는 질문만큼 많이 하는 질문이 '왜 공부하는가?'이다. 곰곰이 생각해보면 이 두 질문은 서로 상관관계를 갖고 있다. 사람들은 누구나 성공적인 삶을 살기를 원한다. 그런데 성공하기 위해서는 지식이 필요하고, 필요한 지식을 얻기 위해서는 공부를 해야 한다. 삶과 공부는 뗄레야 뗄 수 없는 관계를 갖고 있다고 해도 과언이 아니다. 따라서 공부하는 이유는 주어진 인생을 잘 살기 위해, 즉 성공적인 삶을 살기 위해서라고 할 수 있다.

'성공적인 삶'이란 '꿈을 이루는 삶'이라고 할 수 있다. 사람은 누구나 나름대로의 꿈을 갖고 있으며, 그 꿈을 이루고 싶어 한다. 꿈을 이루는 삶을 사는 사람은 인생이 즐겁고 보람되고 행복할 뿐만 아니라, 주위로부터 성공한 사람이라는 부러움을 받는다.

그렇다. 성공한 사람에게는 '꿈'이라는 목표가 있다. 꿈을 가진 사람들에게는 세상을 변화시킬 수 있는 열정이 있다. 크고 작은 꿈들이 모여서 아름다운 조화를 이루고, 세상은 다양한 모습으로 발전되어 간다. 여러 분야에서 다양한 꿈을 가진 사람들이 있음으로 인해 세상은 활력이 있고, 계속 발전을 거듭하고 있다.

어떤 분야에서 성공하기 위해서는 전문적이고도 종합적인 지식이 필요하다. 그런데 지식은 저절로 얻어지는 것이 아니다. 지식은 공부를 통해서만 얻어진다. 그러기 때문에 사람들은 공부를 하며, 공부 잘 할 수 있기를 바란다.

사람이 무엇인가를 할 때는 이유와 목표가 명확해야 한다. 공부도 마찬가지다. 공부하는 이유와 목표가 확실하지 않으면 공부에 열중하기가 어렵다. 공부하는 이유와 목표는 간단히 정리할 수 있다. '꿈을 이루는 인생을 위해 필요한 지식을 얻는 것'이다. 그리고 지식은 '모르는 것을 아는 것'이라고 정의할 수 있다.

따라서 공부의 목표는 너무 거창할 필요가 없다. 공부의 목표는 '모르는 것을 아는 것'이라야 한다.

왜냐하면 모르는 것을 알아야 인생을 살아가는 데 필요한 지식이 늘어나기 때문이다. 이런 사실을 간과하면, 왜 공부를 해야 하는지, 무엇을 공부해야 하는지를 모른 채, 마지못해 공부를 하게 되고, 결국에는 공부가 하기 싫고 성적은 향상되지 않는다.

2. 공부 잘 하고 싶다, 그러나 잘 안 된다

누구나 공부를 '잘' 하고 싶어 한다. 그러나 공부를 잘 하는 것은 쉬운 일이 아니다. 그다지 재미도 없다. 그러기 때문에 사람들은 공부에 대한 스트레스를 받고 공부하는 것을 어려워한다. 세계에서 우리나라 학생들처럼 공부에 대한 스트레스를 많이 받는 나라도 없을 것이다. 자기 의지와 상관없이 공교육보다 사교육에 내몰리는 학생들이 너무 많다. 명문대학교에 들어가기 위해 아침 일찍부터 밤늦게 까지 공부라는 무거운 짐을 지고 다니는 학생들이 너무 안쓰럽다.

'공부를 잘 하기 위해서' 누구나 '좋은 공부 방법'을 알고 싶어 한다. 공부를 잘 해서 뛰어난 성적으로 대학교에 수석 입학한 학생들에게 공부의 비결을 물어 보면, 대부분 '학교 공부에 충실하고 열심히 하면 된다'는 교과서적인 대답을 한다. 그런데 이런 대답은 질문한 사람, 특히 공부를 잘 못하는 사람들에게는 막연하게 느껴지기 때문에 실망스럽고 짜증날 수 있는 대답이다.

　서점에는 공부 잘하는 방법에 대한 책들이 많다. 공부의 신으로 불리는 저자들도 다수 있다. 그러나 저자마다 경험이 다르고, 생각이 다르고, 교육 철학이 다르기 때문에 공부 방법이 다양하다. 어떤 저자는 300개가 넘는 공부법을 소개하기도 한다.

　공부 잘 하는 방법에 관한 책들이 주장하는 공부의 핵심들을 정리해보면, 시간관리 잘하기, 목표 중심의 공부하기, 복습위주의 공부하기, 공부량을 줄여서 핵심만 반복하기, 두뇌활동 극대화를 위한 몰입적 사고법을 이용한 공부 등이 있다. 그런데 문제는 이런 공부 방법을 적용해서 성적을 올리는 학생들도 있지만, 많은 학생들이 그렇게 하지 못한다는 점이다. 즉, 누구나 쉽게, 그리고 재미있게 적용할 수 있는 공부 방법을 찾기가 쉽지 않다는 점이다.

또한 부모들은 자녀들이 책상에 앉아 있는 시간이 많기를 바라며, 공부시간이 많을수록 자녀들이 공부를 잘 한다고 생각한다. 그러나 공부를 잘 하는 것은 공부하는 시간에 비례하지 않는다. 많은 시간 동안 책상에 앉아서 공부한다고 성적이 향상되는 게 아니기 때문이다.

책상에 앉아 있는 시간이 많으면, 공부에 열중하기 보다는 오히려 공부시간의 상당 부분을 엉뚱한 생각을 하는 데 허비하곤 한다.

3. 공부를 잘 못하는 이유

누구나 공부를 '잘' 하고 싶어 한다. 공부를 잘하게 되면 공부가 즐겁고 재미있을 것이다. 그런데 안타깝게도 누구나 다 공부를 잘하는 것은 아니다. 모든 결과에는 이유가 있듯이, 공부를 잘 하고 싶어도 못한다면, 거기에는 분명 이유가 있을 것이다.

공부를 잘 못하고 싫어하는 이유를 찾게 된다면, 공부를 효과적으로 재미있게 하는 방법을 찾을 수 있을 것이다. 과연 공부를 잘 못하는 이유는 무엇일까? 그 이유는 다음과 같이 크게 세 가지로 정리할 수 있다.

첫 번째 이유는 '재미가 없기 때문' 이다.

재미없는 일을 할 때, 그것은 힘든 노동이고 스트레스가 된다.

두 번째 이유는 '모르는 것이 점점 많아져 가기 때문'이다.

모르는 게 많아질수록 흥미를 잃게 되고 재미가 없어진다.

세 번째 이유는 '배운 지식을 응용할 줄 모르기 때문'이다.

배운 것을 사용하지 못하면 배워야 하는 필요를 느끼지 못하며, 따라서 재미도 없어진다.

'좋은 공부 방법'이 있다면, 그것은 위에 열거한 세 가지 이유를 해결할 수 있는 방법이면서도, 누구나 쉽게 적용할 수 있는 방법이어야 한다. 즉, 공부가 재미있고, 모르는 게 쌓이지 않고, 배운 지식을 잘 응용할 수 있는 공부 방법이어야 한다.

새로운 학기가 시작되면 학생들은 누구나 할 것 없이 셀

레임과 기대감으로 첫 시간을 맞이한다. 새로 배울 과목, 새 교과서, 새로운 선생님과 친구들에 대한 기대를 갖게 된다. 지난 학기에는 성적이 나빴지만, 이번 학기에는 공부를 열심히 잘 해야지 하고 다짐도 한다. 따라서 강의 첫 시간에는 학생들의 집중력이 가장 높다.

그러나 한 주, 두 주… 한 달, 두 달… 시간이 지나면서 집중력도 떨어지고, 재미도 없고, 따라서 공부하기가 점점 싫어진다. 왜 이런 현상이 매학기 마다 반복될까?

그 이유는 간단하고 명확하다. 시간이 흐를수록 모르는 것이 점점 많아지기 때문이다. 배울수록 모르는 것은 줄어들고, 아는 것이 점점 많아져야 할 텐데, 실상은 그 반대현상이 나타난다. 따라서 학생들은 공부시간에 집중력도 떨어지고, 수업 참여도도 줄어들고, 지루해하면서 어서 수업시간이 끝나기만을 기다린다.

무엇이 문제일까?

학생들의 공부하는 방법과 선생님들의 교육하는 방법에 무엇인가 문제가 있기 때문이다. 그 문제의 원인은 무엇이며, 해결방법은 무엇인가?

문제의 원인은 앞서 지적한 바와 같이, 배울수록 시간이 지날수록 모르는 것들이 점점 많아지기 때문이다. 따라서 해결 방법은 배울수록 궁금증이 풀리면서 아는 것이 많아지도록 하면 된다.

'공부의 달인 되기'에서 소개하는 공부법은 이러한 이유들을 해결한다. 공부의 원리를 소개하고, 그 원리를 바탕으로 개발한 공부 방법을 소개하고자 한다. 이 방법은 누구나 어렸을 때부터 적용했던 방법으로서 천재성을 유지하고 발전시키는 공부방법이다.

3
천재성을 회복하는 공부의 원리

1. 누가 천재인가?

위키백과에서는 천재를 다음과 같이 정의한다.

'천재天才, genius 는 보통 사람에 비해 선천적으로 뛰어난 정신 능력을 가지고 있는 사람으로서, 어떤 영역에서 우월한 창조적인 능력을 가지고 있는 사람을 지칭할 때 쓰는 말이다. 천재는 뛰어난 지적 능력으로 한 분야에서 대가가 되거나, 미지의 영역을 개척하면서 위대한 업적을 남긴다. 천재는 놀라운 이해력과 추론 능력을 가졌기 때문에 어린 시절부터 재능을 보이며 신동이라 불리는 경우가 많다.'

천재는 '보통 사람에 비해 선천적으로 뛰어난 정신 능력을 가지고 있는 사람'이라고 정의하고 있다. 즉, '선천적으로 뛰어난 정신 능력'을 가질 수 있다면 천재가 될 수 있다는 것이다. 따라서 천재가 되기 위해서는 선천적으로 가지고 있었던 '천재성을 유지'할 수 있어야 한다.

천재는 머리가 좋다고 한다. 천재는 머리 활용도가 보통 사람보다 높다. 미국의 심리학자 윌리엄 제임스William James, 1842~1910는 보통 사람은 뇌의 10%를 사용하는데, 아인슈타인과 같은 천재는 15~20%를 사용한다고 했다. 인류학자 마가렛 미드Margaret Mead, 1901-1978는 그 비율이 10%가 아니라 6%라고 수정하기도 했다. 최근의 연구결과는 인간의 두뇌 활용도가 2% 이하에 불과하다고 한다. 그러나 아직까지 뇌 활용도에 대한 확실한 과학적 근거는 없다. "Do People Only Use 10 Percent Of Their Brains?". Scientific American. 7 February 2008. Retrieved 2008-02-07.

감사하게도 인간은 누구나 천재성을 갖고 태어난다. 천재성은 선천적인 것이기 때문에 아이들은 태어나면서부터 누구나 천재가 될 수 있는 능력을 갖고 태어난다. 그런데, 문제는 선천적인 천재성을 어른이 될 때까지 유지하지 못하기 때문에 천재가 되지 못한다는 것이다. 천재성을 어른이 되어서도 유지하는 사람이 있다면, 그가 바로 천재이다.

2. 천재성과 궁금증

궁금해 하지 않고, 생각하지 않는 천재란 있을 수 없다. 궁금증, 즉 '지적 호기심'이 창의성의 원동력이기 때문이다. 어린 아이들은 궁금한 것들이 많기 때문에 궁금증을 풀기 위해 끊임없이 생각하며, 질문하며, 스스로 공부한다. 아이들이 사용하는 공부의 동기는 바로 '궁금증'이다. 따라서 공부의 원리는 '궁금증을 어떻게 해결할 것인가?'에 대한 해답이어야 한다.

아이들은 궁금증이 생기면, 그 궁금증을 풀기 위해 나름대로 추론과 논리를 세우고, 그동안 습득한 지식과 경험을 사용하여 궁금증에 대한 해답을 얻으려고 노력한다. 이런 과정을 반복하며 생각하다 보면, 어느 순간에 그 해답을 얻게 된다. 그럴 때 아이들은 어른들이 생각지도 못했던 '천재와 같은 말이나 행동'을 함으로써 어른들을 놀라게 한다.

그러나 문제는 유아기와 유년기의 궁금증 때문에 생기는 천재성이 나이가 들면서 점점 없어진다는 것이다. 그 이유는 나이가 들면서 아는 것도 많아지고, 고민거리도 생기면서 세상 사물에 대한 궁금증과 호기심이 점점 없어지고, 상대적으로 지적수준이 높아져 가기 때문이다.

사람들은 알고 있는 사실에 대하여는 궁금해 하지 않는다. 아이들도 나이가 들면서 지식이 쌓이면서 지적 수준이 높아지게 되고, 따라서 질문하는 횟수도 점점 줄어든다. 다 자란 후에는 아예 말 하는 것 자체를 싫어하기도 한다.

어린 시절에 누구나 갖고 있는 천재성을 어떻게 하면 유지할 수 있을까?

어려운 질문 같지만 해답은 의외로 간단하다. 아이가 스스로 깨달은 사실을 논리적으로 체계화하고, 추론하는 능력이 생길 때까지 지적 호기심을 계속 유지할 수 있도록 도와주면 된다.

3. 천재성과 공부

아이들이 태어나면서부터 갖고 있는 천재성을 잘 유지시키는 공부 방법 또는 교육 방법이 있다면, 사람은 누구나 지적 능력이 우수한 창의적인 인재가 될 수 있을 것이다. 그러나 문제는 아이들의 '천재성을 어떻게 유지시킬 것인가?'이다.

'천재'라는 소리를 들으면서 공부를 잘 할 수 있다면 얼마나 좋을까. 일반적으로 '천재들은 아이큐가 높아서 공부를 잘 한다'고 한다. 공부를 잘하고, 천재가 되기 위해서는 꼭 아이큐가 높아야 할까? 아이큐가 나쁘더라도 '천재'라는 칭찬을 들을 수 있을 정도로 공부를 잘 하는 방법은 없을까?

공부를 잘하는 사람과 그렇지 못한 사람의 차이는 그들이 사용하는 책이나 참고서를 보면 알 수 있다. 공부를 잘 못하는 사람들의 공통점은 교과서나 참고서의 앞부분만 까맣게 손때가 묻어 있고, 뒷부분은 하얗다는 것이다.

즉, 아는 것이 시험에 나와서 틀리면 안 되기 때문에 '아는 것 위주'로 반복해서 공부하는 것이다. 그러나 '아는 것 위주'로 공부하면 성적은 평균 이상 오르지 않는다.

학교 성적은 '아는 것 위주'로가 아닌 '모르는 것 위주'로 공부할 때 향상된다. 공부는 모르는 것들을 하나하나 알아갈 때 재미가 있고, 더불어 실력이 향상된다. 궁금한 게 없으면 관심이 없게 되고, 집중력도 떨어지고, 질문도 하지 않는다.

궁금해 하지 않는 사람은 생각을 하지 않게 되며, 생각을 하지 않는 사람은 상상력이 없다. 상상력이 없는 사람은 창의적인 아이디어를 제안하지 못한다. 따라서 '궁금증은 곧 창의성'라 해도 과언이 아니다. 천재가 궁금해 하지 않는다면, 그는 더 이상 천재가 아니다.

4. 천재성을 회복하는 공부의 원리

　호기심은 정도의 차이가 있을 뿐, 남녀노소 누구나 갖고 있다. 특히 아이들은 어른들보다 궁금한 게 많기 때문에 호기심도 많다. 아이에 따라 다르겠지만, 초등학교를 마칠 때까지, 길게는 중학교 때까지 많은 호기심을 갖는다. 호기심은 무엇인가 새로운 것을 알아내거나 발견해 내려는 인간 행동의 원동력이다. 따라서 어린 시절에 갖는 호기심을 계속 유지할 수 있도록 도와 줄 수 있다면 누구나 천재성을 유지할 수 있다. 그렇게 할 수 있는 방법은 무엇일까?

　그 방법은 의외로 간단하다. 아이들에게 궁금증과 호기심을 유발시키는 질문을 계속 직간접적으로 하는 것이다.

나아가 궁금한 것이 풀릴 때까지 아이가 포기하지 않도록 도와주는 것이다. 호기심은 정도의 차이가 있을 뿐, 남녀노소 누구나 갖고 있기 때문에 호기심을 자극하고 해결할 수 있는 공부방법이 있다면, 어린 시절에 갖고 있었던 천재성을 회복할 수 있다.

따라서 천재성을 유지할 수 있는 공부의 원리는 '모르는 것 위주로 공부하는 것'이라야 한다. 누구든 '모르는 것 위주'로 공부를 한다면, 어떤 분야에서건 천재성을 가진 창의적인 인재가 될 수 있다.

또한 '모르는 것 위주'로 공부하는 습관을 어릴 때부터 체득하게 되면 산만함이 없어진다. 모르는 것에 대한 궁금증을 해결하기 위해서 아이들은 집중하기 때문에 쉽게 몰입한다. 아이가 무엇인가 궁금한 것을 해결하기 위해 몰입하고 있을 때는 불러도 대답을 하지 않는다. 아이가 갖고 있는 궁금증은 바로 지적 호기심과 상상력으로 이어진다.

아이들의 지적 호기심은 어른들이 생각하는 것 이상이다. 새롭게 보는 것마다 궁금하기 때문에 생각이 많아진다. 따라서 이런 궁금증 때문에 아이들은 정도의 차이는 있지만 누구나 산만하다. 어린 아이가 산만한 것은 문제가 아니라 오히려 지적 호기심과 상상력이 왕성하다는 증거다. 호기심을 하나하나 해결하도록 유도하면 집중력도 생기고, 아이가 갖고 있는 창조성을 체계적으로 발전시킬 수 있다.

우리 아이가 천재가 되는 것을 원한다면, 아이들의 질문을 귀찮아해서는 안 된다. 오히려 인내심을 가지고 아이가 계속 궁금해 하도록 유도하고 질문해야 한다. 이런 과정을 반복하다 보면, 아이가 성장하면서도 천재성이 유지되고 발전되는 것을 볼 수 있다. 그렇다면 천재성을 유지시킬 수 있는 공부 방법은 무엇일까?

4

공부혁명, ASK 공부법

1. 천재성을 회복하는 ASK 공부법

천재성을 회복할 수 있는 공부 방법은 '모르는 것 위주로 공부하는 것'을 원리로 개발해야 한다. 그리고 이 방법은 아이들이 태어나면서부터 누구나 사용했던 것처럼, 나이에 상관없이, 아이큐에 상관없이, 학력에 관계없이, 지식의 유무에 상관없이, 모든 분야에서 누구나 쉽게 적용할 수 있어야 한다.

공부의 원리, 즉 '모르는 것 위주의 공부'를 어떻게 적용할 것인가?

그 방법이 바로 'ASK 공부법'이며, 아래와 같이 3단계로 요약할 수 있다.

A 단계: 질문하라 Ask a question

　궁금한 것과 모르는 것을 표시하는 단계

S 단계: 찾아라 Seek a solution

　궁금한 것과 모르는 것에 대한 해답을 찾아 가는
단계

K 단계: 확인하라 Knock the door of knowledge

　새로 알게 된 지식을 확인하고 응용하는 단계

　사람은 재미가 없을 때 지루함을 느끼게 되고, 무언가
재미있는 것을 찾기 위해 딴 생각을 하게 되고, 따라서 집중
력이 떨어진다. 또한 공부가 재미없고 하기 싫은 이유는 시
간이 흐를수록 모르는 게 점점 많아지고, 시간을 투자한 만
큼 좋은 결과가 나오지 않기 때문이다. 많은 시간을 공부하
면 실력이 크게 향상될 것으로 기대하지만, 사실은 그렇지
않은 경우가 더 많다.

　그 이유는 공부하는 시간이 많다고 실력이 향상되는 게
아니기 때문이다. 이는 시간의 문제가 아니라 방법의 문제

이다. 공부 방법이 나쁘면, 잘 이해가 안 되기 때문에 무조
건 외우려고 한다. 이런 암기식 공부 방법에 익숙해지면 생
각을 안 하게 되고, 따라서 질문도 하지 않는다.

시간을 적게 들이더라도 방법이 좋다면 몇 배의 효과를
낼 수 있다. 적은 시간에 몇 배의 효과를 얻는 방법이 바로
'모르는 것 위주로 공부'하는 ASK 공부법이다.

ASK 공부법은 태어나면서부터 누구나 갖고 있었지만,
자라면서 잃어버린 천재성을 회복하는 공부 방법이다. 아기
가 눈을 뜨자마자 궁금한 것을 확인하고, 그 궁금증을 풀어
가는 것처럼 공부에도 적용하는 것이다. ASK 공부 방법을
적용하면, 공부가 쉽고 재미있으며, 창의성이 회복되며, 누
구나 '공부의 달인'이 될 수 있다.

공부할수록, 지적 호기심이 해결되면서 재미있게 공부
하도록 하는 방법이 바로 ASK 공부법이다. 공부의 달인이
되는 키^{key}는 ASK 공부법이다. ASK 공부법을 단계별로 적
용해보자.

2. 공부의 달인 되기

궁금하거나 모르는 것을 표시하라

궁금해 하지 않고는 창의적인 사람이 될 수 없다. 창의성은 궁금증을 풀어가는 과정에서 생긴다. 또한 창의성은 상상력과 지식을 바탕으로 한다. 인생을 살아가는 데 필요한 지혜는 노력으로 얻을 수 없지만, 지식과 창의성은 노력을 통해서 얻을 수 있다.

어떤 노력이 필요한가? 그것은 내가 하는 공부에 대해서, 일에 대해서, 연구에 대해서, 사업에 대해서 궁금해 하는 것이다. 궁금해 하지 않고는 어떤 지식도, 창의성도 얻을 수 없다. 지식을 얻기 위한 노력이 바로 공부이다. 공부가 재미있고 잘 할 수 있으면 얼마나 좋을까.

뇌는 이미 알고 있거나 지루한 내용보다 재미있거나 호기심을 자극시키는 궁금한 것에 대하여 더 잘 기억하고 반응한다. 궁금한 것들, 모르는 것들이 하나하나 해결되면서 아는 것이 많아져 갈 때 재미가 생긴다. 따라서 공부를 잘하기 위해서는 '모르는 것들 위주'로 공부해야 한다.

'모르는 것 위주'의 공부를 어떻게 적용할 것인가?

이를 적용하는 방법은 아주 간단하다. 수업시간에 강의를 들으면서 모르는 것, 궁금한 것이 무엇인지를 표시하면 된다. 수업시간에 설명을 들으면서 이해되는 부분과 이해가 안 되는 부분이 있을 것이다.

강의를 들으면서 가만히 있지 말고, 교과서에 모르는 부분과 궁금한 부분에 밑줄을 긋고 기호√ 또는 ?로 표시하면 된다. 이해 정도에 따라 기호를 이중√√ 또는 ??으로 구분하여 표시해도 좋다. 기호로 표시한 것들이 내가 모르는 것들, 즉 새롭게 알아야 할 것들이다.

이렇게 함으로써 강의가 끝나면, 강의 시간동안 배운 내용들 중에 아는 것과 모르는 것들이 교과서또는 노트에 구분이 된다. 쉬는 시간에는 교과서에 표시한 부분들만 확인해

보면 된다. 모든 강의 시간에 이런 방법으로 교과서에 표시한다.

집에 와서 공부복습 할 때는 강의시간에 표시한 '모르는 것'들 위주로 공부를 한다. 이렇게 모르는 것들 중심으로 공부하게 되면, 처음에는 모르는 것들이 많기 때문에 시간이 많이 들기도 하지만, 공부하는 시간이 나날이 줄어들게 된다. 그전에는 지겹던 공부가 오히려 재밌어 지기 시작한다. 모르는 것에 대한 지적 호기심이 채워지기 때문이다.

더욱 효과적으로 공부를 하기 위해서는 '모르는 것을 표시'하는 방법즉,A단계 을 예습에도 적용하면 좋다. '모르는 것 위주' 공부 방법은 예습에 많은 시간을 투자하는 것을 요구하지 않는다.

예습할 때는 다음 시간에 배울 부분들을 읽어 가면서 '이해가 안 되는 부분에 표시'만 하면 된다. 굳이 시간 들이면서 이해하려고 애쓸 필요가 없다. 예습은 모르는 부분을 기호로 표시하는 것만으로 충분하다.

이렇게 '모르는 것 위주'로 예습을 한 경우는 다음 강의 시간이 기다려지고, 선생님의 설명에 더욱 집중하게 된다. 예습할 때 모르는 것으로 표시된 부분에 대한 강의가 진행될 때, 학생은 더욱 집중하여 듣게 되고, 모르는 것들 대부분이 강의를 듣다 보면 해결된다.

강의 시간에 설명을 들으면서도 이해가 안 되고 모르는 것이 있다면, 앞에서 설명한 바와 같이 밑줄을 긋고 기호√ 또는? 로 이중 또는 삼중으로 표시하고 방과 후 복습시간에 해결하면 된다.

>>> S(Seek) 단계   답을 찾아라, 그리고 토론하라

S 단계는 지적 호기심을 해결하는 단계이다. 지적 호기심이 해결될 때 재미와 성취감을 느끼게 되고, 공부에 대한 집중도가 증가한다. 집중도가 증가하면, 뇌가 활성화되면서 학습효율이 향상되고, 공부를 하면서 자신감이 생긴다.

S 단계는 강의시간에 교과서 또는 노트에 밑줄을 긋고 기호로 표시된 '모르는 것'들에 대한 답을 찾아 가는 과정이다. 하루 공부가 끝난 후에 그날 배운 내용들을 복습할 때, A 단계에서 표시한 '모르는 것들 위주'로 집중해서 공부하는 것이다.

모르는 것 위주로 공부하기 때문에 그 날 배운 전체 내용을 공부하는 방법보다 시간이 적게 든다. 처음에는 모르는 것이 많기 때문에 시간이 많이 들 수 있지만, 계속 적용하다

보면 모르는 게 점점 줄어들고 공부하는 시간도 점차로 줄어든다.

S 단계에서는 궁금한 것, 모르는 것에 대한 답을 새롭게 알게 되기 때문에 지적 호기심이 충족된다. 이로 인하여 지적 성취감을 느끼게 되고, 공부가 재미있게 느껴지며, 모르는 것을 알게 되었기 때문에 자신감이 생긴다. 실력이 향상되는 것은 당연한 결과이다.

S 단계에서는 모르는 것들을 이해하기 위해서 알고 있는 상식과 지식을 다 동원하여야 한다. 아무리 많은 지식을 가지고 있더라도, 그 지식이 어떤 문제를 풀거나 설명하는 데 사용할 수 없다면, 그 지식은 죽은 지식이고, 모르는 것이나 다름없다.

'구슬이 서 말이라도 꿰어야 보배'라는 속담이 있다. 마찬가지로 지식도 꿰는 과정, 즉 어떤 문제를 풀기 위해 알고 있는 지식들을 종합하고 융합하는 과정을 거쳐야 살아 있는 지식이 될 수 있다. 따라서 A 단계에서 표시한 모르는 것들에 대한 해답을 찾는 S 단계에서는 알고 있는 지식과 정보를 종합하여 논리적으로 추론하고 융합하고 응용하는 능력이 생긴다.

그런데, S 단계에서 혼자 공부할 때, '모르는 것'이 도저히 해결안 될 때가 있다. 그럴 때는'왜 이해가 안 되는 지, 무엇이 문제인지'를 확인하며 고민할 필요는 있지만 실망할 필요는 없다. 왜냐하면 우리에게는 선생님이 있고, 나보다 실력이 좋은 친구가 있기 때문이다.

S 단계에서 내가 해결할 수 없는 '모르는 것'이 있다면, 그 내용을 정리하여 다음 강의 시간에 선생님께 질문을 해서 다시 설명해주실 것을 요청드리면 된다. 또는 나보다 공부 잘하는 친구에게 '어떻게 이해하고 있는지'를 물어보면 된다.

이 과정에서 필요한 것이 바로 '질문과 토론'이다. 그런데 의외로 질문과 토론을 꺼려하거나 두려워하는 학생들이 많다.

질문하고 토론하는 것을 두려워 말라. 이 세상에는 모든 것을 완벽하게 아는 사람은 한 사람도 없기 때문이다. 질문에는 좋은 질문 나쁜 질문이 따로 없다. 내가 모르는 것이라면 내게는 가장 좋은 질문이기 때문이다.

종종 자존심이 강한 사람은 자기가 모르는 것을 남에게 물어보는 것을 주저하는 경우가 있다. 그러나 배움 앞에서는 자존심을 버려야 한다. 나보다 실력이 좋은 친구가 있다면, 오히려 고맙고 기뻐해야 한다. 모르는 것이 있다면, 주저하지 말고 질문하라.

S 단계에서 '모르는 것'에 대한 질문과 토론은 공개적으로 하고, 되도록 많은 사람들과 공유하는 게 좋다. 문제를 이해하고 해결하는 다양한 방법을 친구들을 통해서 배울 수 있고, 몰랐던 지식을 여러 친구들과 공유할 수 있으며, 질문과 토론에 참여한 친구들과 유대가 강화되어 좋은 인간관계를 형성할 수 있기 때문이다.

질문과 토론을 통한 궁금증을 풀어가는 S 단계를 더욱 효과적으로 실행하는 방법이 있다. 그것은 2명 또는 4명의 친구들과 함께 공부 동아리를 만들어서 운영하는 것이다. 방과 후 시간에 공부 동아리에서 '모르는 것'을 공개적으로 내놓고, 답을 얻기 위하여 서로 설명하고 토론한다.

설명하고 토론하면서 더 많은 것을 배우게 된다. 설명하는 과정을 통해서 아는 것과 모르는 것이 구별되며, 더 구체적으로 알아야 할 것들이 무엇인지 파악할 수 있기 때문이다. 토론과정을 통해서 창의적인 생각을 더 많이 하게 되고, 논리력과 발표력이 향상된다.

또한 설명하고 토론하는 과정을 통해서 지금까지 알고 있는 지식들을 종합하고 응용하는 능력과 지식들 상호간의 연관성을 이해하게 됨으로써 지식의 응용범위가 확대된다.

이런 과정을 거쳐서 체득된 지식은 잊어버리지 않으며, 문제 해결에 바로 응용할 수 있다.

또한 토론과정은 사회성과 협동성을 향상시키고, 나아가 건강한 인격 형성에도 도움이 된다. 토론과정을 통해서 문제를 해결하는 다양한 방법과 창의적인 풀이 과정들을 서로 배울 수 있다. 같은 반의 학생들로 공부 동아리를 만들고, ASK 공부법을 적용한다면 인성교육을 따로 할 필요가 없다.

ASK 공부법은 누구나 갖고 있는 지적호기심을 해결하는 방법이고, 서로 도우면서 문제를 풀어가기 때문에 경쟁심을 유발시키지 않는다. 오히려 서로를 통해서 더 나은 방법을 배우기 때문에 남의 의견을 존경하고 이해하고 배려하는 인성이 함양된다.

>>> K(Knock) 단계 확인하고 응용하라

K 단계는 S 단계에서 새롭게 알게 된 지식들을 제대로 이해하고 있는지 확인하고, 실제로 적용하는 응용력을 기르는 단계이다. 문제를 풀어보면서 알고 있는 지식들을 종합하고 활용하는 단계이다. K단계에서는 새로이 배운 지식을

제대로 이해하고 있는지 '확인하고 응용하는' 과정으로 나눌 수 있다.

● 첫 번째, 지식과 개념을 확인하는 과정

어떻게 하면 새롭게 알게 된 지식과 개념들을 정확하게 이해하고 있는지를 확인할 수 있을까? 그 방법은 의외로 간단하다. '새로 배운 지식과 개념'을 남에게 설명해보는 것이다. 설명함으로써 내가 잘 못 알고 있는 것들이 무엇인지를 파악하게 되고, 정리가 안 된 파편적인 지식들이 요약되고 정리된다.

공부동아리에서 새롭게 알게 된 지식에 대하여 친구끼리 서로 번갈아 가면서 설명해보는 게 좋다. 이 때 중요한 것은 될 수 있는 한 '가장 쉽게 설명하는 것'이다. 어떤 친구는 쉽게 설명하고, 어떤 친구는 어렵게 설명하고, 어떤 친구는 어설프게 설명할 것이다. 그러나 서로에게 설명하다 보면, 내가 잘 몰랐던 것을 설명을 잘 하는 친구를 통해서 확실하게 알 수 있게 된다. 또한 그 친구를 통해서 쉽게 설명하는 방법도 배울 수 있다. 공부동아리 친구가 없을 때는 새롭게 알게 된 지식을 친구에게 말하듯이 노트에 적어도 좋다.

어떤 사실이나 개념에 대하여 정확하게 이해하지 못할

경우는 설명을 쉽게 할 수 없다. 설명이 어렵고 어설프다면, 아직도 확실하게 이해를 못하고 있다는 증거다. 그러나 설명을 잘 못하기 때문에 실망할 필요는 없다. 누구도 처음부터 완벽하게 설명하는 경우는 거의 없기 때문이다. 그러나 반복하여 하다 보면, 나도 모르는 새에 쉽게 설명하는 경지에까지 이를 수 있다. 또한 새롭게 이해하거나 알게 된 내용들을 쉽게 설명하는 훈련을 하다 보면, 지식의 쓰임새가 많아지고 표현력과 발표력이 향상되고 자신감이 생긴다.

● 두 번째, 지식과 개념을 응용하는 과정

새로운 지식을 응용하는 방법은 무엇일까? 쉬운 방법은 대부분 학생들이 공부할 때 사용하는 방법으로서 예제와 연습문제를 풀어보는 것이다. 제대로 이해를 못하면 문제를 풀 수 없기 때문에 예제나 연습문제를 풀어 봄으로써 이해도를 확인할 수 있다. 난이도를 높여 가면서 문제를 스스로 풀어본다. 자신의 능력으로 어려운 문제를 풀어갈 때 창의력이 향상된다.

문제를 풀 때는 문제의 내용을 잘 파악해야 한다. 왜냐하면 문제 설명문 중에 문제를 푸는 데 필요한 힌트 또는 가정이 숨겨져 있기 때문이다. 따라서 풀리지 않는 문제가 있다면, 풀 수 있을 때까지 포기하면 안 된다.

문제풀이 과정에서 막히거나 이해가 안 되는 부분이 있을 경우, 해답을 보면 안 된다. 그것이 바로 반드시 알아야 하는 키포인트key point일 때가 많기 때문이다. 질문지를 읽고도 막막하다면, 해당 문제를 푸는 데 필요한 지식과 개념을 아직 잘 모르고 있다는 증거다. 이런 경우는 다시 S 단계로 돌아가서 잘 못 이해하고 있는 것들이 무엇인지를 확인하고 이해한 후에 문제를 다시 푼다.

지식을 실용적으로 응용하는 또 다른 방법은 새롭게 알게 된 지식을 일상에서 또는 자연에서 일어나는 일이나 현상들을 설명할 때 사용해보는 것이다. 우리 주위에서 일어나는 모든 현상들은 우연의 결과가 아니다. 반드시 그런 현상이 일어나게 하는 원인原因이 있다. 학교에서 배우는 지식들은 그런 원인들을 찾고 설명하는 데 필요한 것들이다.

우리는 일상에서, 일터에서, 실험실에서, 공장에서 여러 가지 문제들에 마주치곤 한다. 어떻게 하면 그 문제들을 효과적으로 해결할 수 있을까? 그 해답은 바로 ASK 공부법이다. 문제가 무엇인지 확인하고A 단계, 왜 그런 문제가 발생하는 지 원인에 대한 정확한 이해와 함께 해결방법을 찾고S 단계, 해결방법을 적용하여 문제를 풀면 된다K 단계.

이전부터 나는 공부 방법에 대한 관심이 있어서 공부에 관한 자기계발 책을 자주 읽었다. 대표적으로 읽은 책은 '몰입'이라는 책과 '공부하는 힘'이라는 책이었는데, 그 책에서 나온 공부 방법들을 실제로 적용 시켜 보기도 하면서 나의 집중력을 최대한으로 끌어올리기 위해 많은 노력을 했었다. 그러나 책의 내용을 적용시키기란 쉽지 않았다. 왜냐하면, 나는 학군사관후보ROTC생이라는 신분 때문에 일반 학생들처럼 많은 시간을 낼 수 없었고, 따라서 단계별로 몰입하는 공부법을 적용하는 것이 매우 어려웠다. 또한 화학공학의 3학년 전공의 특성상 많은 내용들을 공부해야 하는데, 시간 제약 때문에 좀처럼 책에 소개된 공부 방법들을 적용하는 것이 쉽지 않았다.

그렇게 공부 방법에 대해 고민을 하고 있을 때, 나의 지도교수이신 한윤봉 교수님께서는 ASK 공부 방법을 소개해 주셨다.

처음에는 다른 공부 방법들과 마찬가지로 적용하기가 쉽지 않을 것 같았다. 그러나 교수님 말씀대로 모르는 것 위주로 철저하게 공부하며, 이해하기 어려운 부분이나 애매모호한 개념들은 체크하여 그 개념들을 나의 지식으로 만드는 과정에서 성적이 2학년 때에 비해 올랐고, 또한 공부에 대한 생각과 공부하는 방법도 달라졌다.

특히 수업 중 모르는 개념을 친구들과 토론하며 이야기를 나눌 때에는 생각하는 힘이 길러지는 느낌이 들었다. 또한 이 방법을 위험물 산업기사 자격증을 따기 위한 공부를 하면서 적용해본 결과, 필기고사 점수를 생각 보다 잘 받게 되었다.

학군사관후보생 신분으로서 방학 때 마다 훈련에 들어가는 나에게 있어, 남들에 비해 시간은 절대적으로 부족하지만, 훈련 기간 중 주말시간에 ASK 공부법을 이용하여 공부를 한 결과가 좋아서 매우 뿌듯했다. '이 공부 방법을 조금만 더 일찍 알았더라면 좋았을 텐데'라는 아쉬움이 남지만, 지금이라도 ASK 공부 방법을 알게 되어서 다행이라는 생각이 들었다. 만약 공부를 열심히 했지만 좋은 결과를 얻지 못한 사람이나, 나와 같이 절대적으로 시간이 부족하여 공부를 하지 못하는 사람이 있다면, ASK 공부법을 추천하고 싶다.

전북대학교 화학공학부 3학년 원ㅁㅁ

5

ASK 공부법 – 공부가 즐겁다

1. 강의 시간이 기다려진다

새 학기 첫 시간에는 학생들의 집중도가 아주 높다. 무언가 새로운 것을 배울 수 있을 거란 기대로 학생들의 눈망울들이 초롱초롱하기 때문이다. 처음 듣는 내용이지만, 첫 시간 강의 내용이 재미있고, 이해도 잘 되며, 공부를 잘 할 수 있을 것 같은 생각이 든다.

사람은 무엇인가에 주의를 기울이고 기대하게 될 때, 뇌에서 4~8Hz의 주파수에 해당하는 세타theta 파가 나온다. 뇌에서 세타파가 활발하게 나오면 집중도가 증가하고 흥미와 재미를 느낄 수 있게 된다.

무엇인가를 배울 수 있다는 기대를 하는 학생은 강의 시간에 한 눈 팔지도 않고, 쓸데없는 생각을 하지도 않고, 졸지도 않는다. 그러나 아는 것에 비해 모르는 것이 점점 많아지게 되면, 쉽게 흥미를 잃게 되고, 집중력이 떨어지고, 수업에 대한 기대치가 떨어진다. 집중력과 기대치가 떨어지면 기억력도 떨어진다.

따라서 공부 잘 하기를 원한다면, 수업이 시작되기 전에 선생님의 강의를 통해서 그동안 몰랐던 '새로운 것을 배울 수 있다'는 기대를 가져야 한다.

ASK 공부법은 그날 배운 것들 중에 모르는 것 위주로 공부하기 때문에 강의가 거듭될수록 모르는 것들이 쌓이지 않고, 오히려 아는 것이 많아져 간다. 다음 시간에도 새로운 것을 배울 수 있을 거란 기대를 갖게 하고, 강의 시간이 기다려지게 한다.

2. 공부가 즐겁고 자신감이 생긴다

새로운 것을 보거나 호기심이 생길 때 뇌에서는 도파민이라는 호르몬이 나온다. 도파민이 많이 나오면 의욕이 생기고 부지런해진다. 강의 시간에 새로이 배울 내용에 대한 기대와 호기심은 도파민의 분비를 활성화시킨다. 따라서 ASK 공부법을 적용하면, 공부하고 싶은 의욕이 생기게 되고 공부가 즐겁다.

또한 ASK 공부법을 적용하면, 모르는 것에 대한 지적 호기심이 충족되기 때문에 공부하면서도 힘들다는 생각이 들지 않는다. 마음이 기쁘고, 입가에 웃음을 띠게 되고 행복해진다. 이렇게 되면 뇌에서는 엔돌핀이 활발하게 분비된다.

도파민과 엔돌핀이 활발하게 분비될 때, 사고력이 활성화되며 집중도가 증가하고 창의력도 향상된다. 마음이 기쁘고 행복할 뿐만 아니라 질병에 대한 면역력도 향상되어 건강해진다. 따라서 ASK 공부법을 적용하면 지적 호기심이 충족되기 때문에 공부가 재미있고, 마음과 육체가 즐겁고 건강해진다.

마음이 즐겁고 육체가 건강한 사람은 매사를 긍정적으로 생각한다. 긍정적이고 낙관적인 사고를 가진 사람은 부정적인 생각을 하는 사람에 비해 두뇌활동이 활발해진다. 따라서 상상력이 증가하게 되고, 창의적인 생각을 할 수 있게 되며, 불가능을 가능으로 바꾸고자 하는 힘이 생긴다. 이렇게 되면 문제들이 문제로 보이지 않고, '잘 해결할 수 있다'는 자신감이 생긴다.

긍정의 힘을 가진 사람은 아무리 비관적이고 불가능해 보인다 할지라도, 할 수 있는 방법이 무엇인가를 찾아내는 능력이 있다. 위기를 도약의 기회로 삼을 줄 알며, 실패를 딛고 성공할 수 있는 방법을 찾아낸다. 매사를 긍정적, 낙관적으로 생각하는 사람에게는 부정적인 결과들도 종합하여 선을 이루는 지혜가 생긴다.

ASK 공부법 적용사례 2

교수님, 안녕하세요.

제가 교수님을 통해서 ASK 공부법을 알게 된지는 이제 2년 정도 되어가고 있습니다. ASK 공부법을 실제로 적용하여 공부하기 시작한 지는 1년 6개월 정도가 지났습니다.

그 동안 저에게는 많은 변화가 있었습니다.

제일 먼저 눈에 띄는 것은 성적의 변화였습니다. 다른 전공에서 화공학과로 전과하고 나서 처음 맞이한 2학년 1학기는 저에게는 힘든 시간들이었습니다. 그러나 2학년 2학기부터 ASK 공부법을 적용하여 공부하였고, 좋은 성적으로 마무리 할 수 있었습니다. 그리고 나니 저 자신에게 변화가 생겼습니다. "어떠한 어려운 과목도 이제는 공부할 수 있겠구나" 라는 자신감이 생겼습니다.

ASK 공부법은 저처럼 공부 방법을 잘 모르고 갈팡질팡하는 친구들에게 정말 좋은 공부방법입니다. 처음에 생소해서 어려울 수 도 있지만, 금방 따라 할 수 있어서 빠른 시일 내에 나만의 ASK 공부방법이 생깁니다. 저는 이점이 정말 좋다고 생각합니다. 누구도 아닌 자기 자신만을 위한 공부방법이 생기는 건 뜻 깊은 일입니다.

또한 이번학기에 설계 과목이 있었는데, 교수님의 조언대로 ASK 방법을 설계조원들과 함께 사용해보니 S 단계의 중요성을 깨달았습니다. '친구들과 같이 하면 더욱 좋구나'라는 생각이 저절로 들었습니다.

저는 공부하는 데에 있어 자신감이 정말 중요하다고 생각합니다.

그래서 공부에 대한 자신감이 생기는 ASK 공부방법을 꼭 추천합니다.

교수님, 감사합니다.

전북대학교 화학공학부 이ㅁㅁ

3. ASK 공부법 – 잘 정리하면 된다

강의 시간이 기다려지고, 공부가 즐거운 ASK 공부법을 적용하기 위해서는 아래와 같이 단계별로 정리하면 된다.

>>> A 단계 표시한 것들을 확인한다

궁금해 하지 않고는 생각을 하지 않으며, 생각을 하지 않고는 말을 할 수 없게 된다. 또한 생각을 하지 않으면 궁금한 게 생기지 않는다. 따라서 '아는 것'과 '모르는 것'이 무엇인지를 구별하는 것이 공부의 첫 단계이다.

A 단계에서는 특별히 정리할 것이 없지만, A 단계를 소홀히 하면 다음 단계가 진행이 안 된다. 강의를 들으면서 이해가 안 되었거나 궁금했던 것들이 무엇인지를 교과서에 표시하는 것이 중요하다. 그리고 그것들이 무엇인지를 확인하는 것이다.

확인하는 방법은 간단하다. 강의가 끝나고 쉬는 시간에 표시한 것들이 무엇인지를 눈으로 확인하면 된다. 그게 바로 A 단계에서 필요한 정리하는 방법이다. 10분이라는 짧은 휴식 시간이지만, 이렇게 눈으로 확인하는 과정을 통해서 그 날 배운 내용 중에 모르는 것들이 무엇인지를 머릿속에 입력할 수 있다.

모르는 것들이 머릿속에 입력되면, 뇌는 그 문제를 풀기 위해 작동하기 시작한다. 그동안 알고 있는 지식과 정보들을 하나하나 이용하면서 문제를 해결하려고 한다. 걸으면서도, 무엇인가 다른 일을 하면서도, 시간이 나는대로 모르는 것에 대하여 생각한다. 따라서 강의가 끝나고 휴식 시간에 내가 표시한 모르는 것들이 무엇인가를 확인하는 것이 중요하다.

>>> S 단계 해답을 정리한다

S 단계에서는 A 단계에서 표시한 것들, 즉 모르는 것들에 대한 해답을 찾아서 정리하는 것이다. 모르는 것들에 대한 해답을 찾고, 모르는 것들을 정확하게 이해할 수 있게 되었다면, 그 내용들을 쉽게 이해할 수 있도록 노트에 정리한다. 난이도에 따라 기호로 구분하여 정리하면 더욱 좋다.

그리고 새로 알게 된 중요한 지식들을 핵심 키워드와 이에 대한 설명으로 정리하면 좋다. 설명을 쓸 때는 쉬운 말을 사용하는 게 좋다. 또한 S 단계에서 해답을 찾는 데 여러 가지 지식들이 사용되었다면, 사용된 지식들을 함께 정리함으로써 관련 지식들의 융합과 적용을 종합적으로 할 수 있다.

>>> K 단계 응용을 정리한다.

K 단계 정리는 S 단계에서 알게 된 지식에 대한 응용을 정리하는 것이기 때문에 S 단계와 연계해서 정리하는 게 좋다. 특히, 공부 동아리 친구들과 토론을 통해서 알게 된 응용 분야가 있다면, 친구 이름과 함께 정리해 두면 좋다. 이렇게 함으로써 다른 사람의 능력을 인정하고 감사하는 너그러움을 키울 수 있고, 친구와의 우정을 더욱 돈독하게 할 수 있다. 협력함으로 더 많은 것을 얻을 수 있고, 인간관계를 더 잘 하는 방법을 배울 수 있다.

또한 K 단계 정리에서는 응용할 때 주의해야 할 중요한 사항들이 있다면, 이를 잘 정리하는 게 좋다. 예를 들면, 새로운 지식을 적용하기 위한 가정과 조건, 적용 범위, 적용 분야 등을 적어 두는 것이다.

ASK 공부법 적용사례 3

　　나는 1학년 1학기 때는 공부가 흥미에 안 맞는다고 생각해서 공부를 하지 않았다. 수업에도 출석을 잘 안 해서, 1학년 1학기 때에는 모든 과목에서 F를 받았다. 1학년 2학기 때는 출석은 꾸준히 해서 F는 없었지만, 대부분 D 학점으로서 간신히 F를 받지 않았다. 그 때에는 수업에 들어가기만 하고, 아무런 공부를 하지 않았다.

　　2학년 1학기 때에 공부를 시작했다. 평소에는 공부를 하지 않다가 중간고사, 기말고사 기간이 되어서 남들이 하면 그 때에 했다. 그 때 공부 방법으로는 중간고사와 기말고사 시험범위를 읽고 이해하면서 진행했다. 짧은 시간에 모든 시험범위를 다 읽을 수가 없어서, 아는 것 위주로 반절 정도 읽고 시험을 보았는데, 새벽까지 했는데도 성적은 B나 C였다. 읽지 않은 부분은 아예 손을 댈 수가 없었고, 읽었던 부분도 문제를 푸는 것은 이론과 달라서 어려웠다. A를 맞은 몇 개 과목들은 내가 대학에 다니기 전에 공부했던 적이 있는 과목이거나 흥미가 있는 과목에 불과했다.

3학년 1학기 때에는 공부 방법을 바꿔서 ASK 공부법을 적용하기 시작했다. 이론만 이해하려고 하다가 실제로는 그다지 효과를 보지 못했기 때문이다. 수업 시간에 수업을 듣다가 어려운 부분에 대해서는 표시해두었다가, 시험 기간에는 그 부분을 위주로 공부하였다. 문제를 풀면서 모르는 문제가 있으면 표시해놓고 그 부분에 대해서 필요한 이론에 대해 다시 살펴보면서 공부했다. ASK 공부법은 수업 시간에 이해를 잘 하지 못하는 나에게는 유용했다. 이런 식으로 하면 많은 공부 분량이 크게 줄어들어서 좋았고, 공부 방향을 잡을 수 있었다. 그래서 점수가 꽤 잘 나왔다. 여름방학 계

절학기에 수강한 2과목을 ASK 공부법을 적용하여 모두 A+
를 받았다.

3학년 2학기 때에도 문제를 풀고 모르는 것이 있으면,
ASK 공부법을 적용하여 표시해두었다가 찾아보면서 공부
했다. 이렇게 하면 할수록 익숙해져서 전보다 더 많은 시간
을 절약할 수 있었다. 혼자서 공부하면 어떤 부분이 핵심이
고 핵심이 아닌지를 분간하기 힘든데, ASK 공부법을 적용
하면 그런 부분을 명확하게 알 수 있어서 많은 도움이 되었
다. 1학기 때보다 더 많은 과목을 수강했고, 여러 가지 이유
로 시간이 굉장히 촉박했는데도 불구하고 좋은 점수를 얻을
수 있었다. 결과적으로 0점이던 평균학점은 3점대 후반으로
올라갔다. 몇몇 과목을 재수강하면 더 올라갈 것이다!

전북대학교 화학공학부 백○○

6

ASK 공부법의 효과

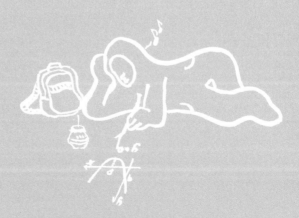

1. 공부가 휴식이다

　　과도한 공부 스트레스와 부족한 수면 시간은 청소년들이 정신적으로 육체적으로 건강하게 성장하는데 치명적이다. 육체적 정신적 피로가 쌓이면, 몸과 정신이 약해지고 병에 걸리기 쉽다. 따라서 사람들은 피로를 풀기 위해 취미활동을 하거나, 휴가 여행을 가거나, 휴식을 취한다.

　　유니세프UNICEF 조사 자료에 의하면, 우리나라의 11-15세 아동들이 학업으로 인해 받는 스트레스가 세계에서 가장 높다는 분석 결과가 나왔다'우리나라 아동들, 학업으로 받는 스트레스 세계 최고', 연합뉴스, 2015년 3월 11일. 학업 스트레스가 높은 만큼 학교생활 만족도는 낮은 편이어서 한국 아동들의 학교생활 만족도는 30개국 중 26위였다.

　　청소년인권단체 '아수나로'와 전국교직원노동조합의 설문조사에 의하면연합뉴스 2015년 8월 26일, 인문계 고등학교 학생의 하루 평균 수면시간이 6시간도 채 되지 않으며, 설문에 응한 학생의 41.3%는 밤 10시가 넘어서 하교하는 것으로 나타났다. 너무나 많은 시간을 공부에 사용하기 때문에 학생들은 수면과 휴식시간 부족에 시달리고 있다.

우리나라 학생들에게는 공부에 대한 스트레스가 가장 크고, 이로 인해 몸과 마음이 피곤하다. 스트레스가 많으면 질병에 대한 면역력도 약해진다. 스트레스를 적게 받으면서 공부하고 쉴 수 있는 공부방법이 있다면 얼마나 좋을까.

ASK 공부법은 지적 호기심을 충족시키고 다음 강의 시간을 기대하게 하기 때문에 도파민과 엔돌핀 분비를 촉진시킨다. 따라서 마음이 즐겁고 행복하며, 의욕이 생기고 부지런해진다. 마음이 즐겁고 행복하면 공부에 대한 피로도가 적고, 스트레스를 적게 받는다. 마음이 기쁘면 몸도 건강해진다. 더 이상 공부가 힘든 일이 아니라, 기분 좋은 휴식이 된다.

ASK 공부법은 모르는 것 위주로 공부하기 때문에 공부 시간을 줄일 수 있다. 구체적으로는 평상시 공부 시간보다 30-50% 이상 줄일 수 있다. 공부하다 남는 시간을 활용하여 평소에 하고 싶었던 취미활동이나 운동을 하면서 충분하게 휴식을 취할 수 있다. 따라서 ASK 공부법은 '공부가 휴식'이 되는 공부법이다.

2. 스스로 공부하게 된다

청소년인권단체 '아수나로'와 전국교직원노동조합의 설문조사에 의하면 연합뉴스 2015년 8월 26일, 우리나라 학생들의 주당 평균 사교육 참여시간은 초등학생이 11시간 35분, 중학생이 11시간 52분, 인문계 고등학생이 7시간 1분이다. 학교나 학원을 마치고 혼자 또는 친구들과 스스로 공부하는 시간은 초·중·고교생이 평균 1시간 53분으로 나타났다.

공교육보다 많은 사교육의 증가는 국가적 문제로서 해결해야 할 난제 중의 하나이다. 정부에서는 사교육비를 줄이기 위한 다양한 방안을 강구하고 있지만, 해마다 사교육비는 증가하고 있다.

그런데 문제는 '사교육 시간의 증가에 비례하여 학생들이 실력이 얼마나 향상 되는가'이다. 학생들이 공교육보다 사교육에 참여하는 시간이 훨씬 많지만, 이 역시 공부방법이 나쁘면 사교육에 투자한 돈과 시간에 비해 효과가 떨어진다는 점이다.

그렇다면, 사교육비를 줄일 수 있는 좋은 방법은 무엇일까?

그 해답은 사교육에 참여하는 시간을 줄이거나, 아예 사교육이 필요 없는 공부 방법을 개발하는 것이다. 즉, '학생이 공부에 재미를 느끼고, 스스로 공부'하도록 하는 것이다. 공부가 재미있고, 모르는 게 쌓이지 않고, 배운 지식을 잘 응용할 수 있는 공부 방법이라야 한다.

ASK 공부법을 적용하면, 모르는 것 위주로 공부하면서 해결하기 때문에, 강의가 진행될수록 모르는 것들이 쌓이지 않고, 오히려 지식의 양과 폭이 증가한다. 모르는 것들에 대한 지식이 정리되고, 배운 것을 응용하여 문제를 푸는 능력이 생긴다. 이렇게 되면 공부는 더 이상 노동이 아니라, 스스로 하게 되는, 즐거움과 성취감을 높여 주는 놀이가 된다.

따라서 ASK 공부법을 적용하면, 더 이상 사교육에 매달릴 필요가 없다. 학교 선생님과 공부 동아리 친구들만으로도 너무나 충분하다.

3. 인성이 회복된다

국가마다, 기업마다 최고의 기술을 개발하려고 소리 없는 치열한 전쟁을 하고 있다. 오로지 '양보 없는 경쟁'만이 살아남기 위한 수단인 것처럼 공식화 된지 이미 오래다. 경쟁에서 이긴 자가 존경받는 세상이다. 경쟁이 강조되는 세상에서는 인격적으로 훌륭한 사람을 찾기가 쉽지 않다.

현대사회는 안타깝게도 한 줄로 세워서 등수를 매기는, 그런 사회구조를 가지고 있다. 우리 자녀들의 공부도 마찬가지다. 일류 대학에 가기 위해, 일류 기업에 취업하기 위해, 남들보다 더 잘 살기 위해 경쟁만 강조되는 시대에 살고 있다. 그러니 마음 편하게 쉬면서 공부할 수가 없다. 친구는 친구라기보다 넘어야 할 경쟁의 대상이 된지 오래다.

TV 뉴스를 보면, 좋은 소식보다 나쁜 소식들이 더 많은 시대에 살고 있다는 생각이 든다. 간혹 약한 사람을 도와주고, 불쌍한 사람을 보살펴주고, 위기에 처한 사람을 구해준 사람들에 대한 뉴스를 들으면 기분이 좋다. 세상이 점점 각박해져 가고 있기 때문에 이런 좋은 소식은 사람들의 마음을 따뜻하게 한다. 그만큼 인성이 좋은 사람들을 찾기가 쉽지 않은 시대에 살고 있다.

ASK 공부법은 천재성을 회복하고 창의성을 길러줄 뿐만 아니라, 경쟁을 유발하지 않는다. ASK 공부법은 학생들을 한 줄로 세우는 공부법이 아니다. ASK 공부법을 적용하게 되면, 경쟁이 아니라 모르는 것에 대한 지적 호기심이 충족되기 때문이다. 오히려 공부 잘하는 친구의 도움을 받거나, 공부 동아리를 통해서 서로 협력하며 모르는 것을 해결해가기 때문에 친구들과의 관계가 좋아진다.

ASK 공부법을 공부 동아리에 적용하면, 모르는 것에 대해 자기 생각을 말하고, 토론하는 과정을 거친다. 서로 지적호기심을 해결하려고 협력하기 때문에 친구가 더 이상 경쟁 대상이 아니라, 모르는 것을 알 수 있도록 도와주는 '좋은 친구'가 된다. 나에게 도움을 준, 나보다 공부 잘 하는 친구를 존중하게 된다. 따라서 ASK 공부법은 사회성과 협동성을 향상시키고, 나아가 건강한 인격 형성에도 도움을 준다.

4. 놀 때 잘 놀고, 쉴 때 잘 쉴 수 있다

사람은 누구나 건강하게 오래 살기를 원한다. 나이가 들어 갈수록 건강에 관심이 많아지고, 따라서 건강관련 프로그램이 인기를 누린다. 몸이 건강해야 건강한 생활을 할 수 있다는 데 이의를 제기할 사람은 아무도 없다. 그러나 몸이 건강하다고 건강한 삶을 사는 것은 아니다. 건강한 삶은 육체적 건강뿐만 아니라 마음의 상태에 따라 영향을 받기 때문이다.

'건강한 신체에 건전한 정신'이란 말이 있듯이, 건강과 관련된 다양한 호르몬이 마음의 상태에 따라 분비되기 때문에 건강한 삶은 마음과 육체를 떼어 놓고 생각할 수 없다.

또한 육체는 뇌에서 명령하는 대로 움직이고, 육체적 건강은 정신적 건강이 전제될 때 이뤄진다고 해도 과언이 아니다. 육체적으로 건강한 사람이라 할지라도, 정신적으로 근심걱정이 많고 평안하지 않으면 쉽게 쓰러지고 만다.

공부도 마찬가지다. 마음이 무겁거나, 슬프거나, 불쾌하거나, 짜증이 나면 쉽게 육체적으로 피로를 느끼게 되고, 공부하고 싶은 의욕도 생기지 않는다. 아무리 공부를 잘 하는 학생이라도 쉬임없이 공부만 하면, 스트레스가 쌓이고 짜증이 나면서 능률이 오르지 않을 뿐만 아니라 질병에도 취약하다. 따라서 적당한 휴식은 정신적, 육체적 건강을 위해서 꼭 필요하다.

어떻게 하면 정신적, 육체적으로 건강해질 수 있을까? 이런 질문에 대한 대답은 간단하다. 건강한 삶의 패턴이 무엇인가를 생각하면 된다.

인간의 건강한 생활패턴의 시간 단위는 일주일이다. 건강한 삶의 패턴은 6일을 일하고, 적어도 하루를 쉬는 것이다. 이렇게 할 때, 일주일 간 쌓였던 피로가 풀리고, 부족해진 에너지가 채워지고, 생체리듬이 정상화되면서 다음 일주일을 살 수 있도록 몸과 마음이 준비된다.

이런 사실을 무시하고 쉬임없이 공부만 하거나, 일을 하면 생체리듬이 깨어지고, 피로가 쌓이면서 능률이 떨어질 뿐만 아니라 건강도 나빠진다. 공부를 많이 하기 위하여 일주일 내내 공부하는 학생은 성적이 어느 정도 오르면, 그 이상 향상되지 않는다.

휴식을 취할 때, 부족한 잠을 보충하기 위해 온 종일 잠만 자는 것은 좋지 않다. 적당한 운동과 정신적 안정을 취하는 휴식이 병행되어야 한다. 정신적 안정을 위해서는 신앙생활을 권하고 싶다. 다음의 연구결과는 시사하는 바가 크다.

미국 플로리다 주 모핏암센터Moffitt Cancer Center의 히더 짐Heather Jim 박사팀은 신앙심이 깊은 사람이 정신적인 안정은 물론 신체적인 건강 상태 역시 더 양호하다는 연구 결과를 발표하였다Cancer 지, 2015년 8월 10일 온라인판; "신앙심 깊은 사람이 더 건강하다" 동아사이언스, 2015년 08월 10일. 4만 4000명의 암환자를 대상으로 분석한 결과, '신앙심이 깊은' 사람일수록 암으로 인한 육체적 고통을 호소하는 경우가 적었고, 정신적으로도 안정적이며, 일상생활에서 주어진 일을 더 적극적으로 처리하는 것으로 나타났다.

신앙생활을 잘 하는 사람에게는 자기가 믿는 신에 대한 긍정적인 믿음으로 인해 육체적 건강을 저해하는 스트레스가 감소되고, 내분비계나 면역계를 통해 신체적 질병을 감소시키는 효과가 있기 때문에 육체적, 정신적으로 건강한 삶을 살 수 있다.

따라서 건강을 유지하며 공부를 잘 하기 위해서는 놀 때 잘 놀고, 쉴 때 잘 쉬어야 한다. 일주일 중에 토요일까지는 열심히 공부하고, 일요일에는 신앙생활을 하면서 적절한 휴식을 취하는 학생이 그렇지 않은 학생에 비해 육체적으로 정신적으로 더 건강하고, 공부를 더 잘 할 확률이 훨씬 높다.

ASK 공부법을 적용하면 공부시간을 30-50% 이상 절약할 수 있다. 남는 시간에 운동을 하고, 하고 싶은 취미생활을 할 수 있다. 특히, 하루 30분에서 1시간 정도 땀을 내는 운동을 지속적으로 하는 게 육체적, 정신적 건강에 좋다. 적당한 운동은 생체 활성을 높이고, 스트레스를 풀어주며, 혈액순환을 좋게 한다. 그러나 1시간 이상의 운동은 오히려 피로를 느끼게 하기 때문에 하루 운동 시간을 1시간 이내로 조절하는 게 좋다. 평상시에 운동을 못할 경우는 주말에 충분하게 1-2시간 운동을 하면서 땀을 흘리는 게 좋다.

주말에 제대로 쉬지도 못하고 공부만 하는 학생들이 있다. 예를 들면, 고3 이기 때문에 공부해야 한다는 핑계로 주일예배를 소홀히 하는 크리스천 학생들이다. 필자가 경험한 바에 의하면, 1-2시간 예배를 드릴 수 없을 정도로 여유가 없는 학생들은 공부를 잘 하는 경우가 드물다. 오히려 신앙생활을 잘 하면서 잘 쉬는 학생들이 정신적으로 건강하고 공부를 더 잘한다.

5. 잠을 충분히 잘 수 있다

하루 24시간 중 절반은 밝은 낮이고, 절반은 어두운 밤이다. 낮 시간에는 학교에서, 일터에서, 직장에서 일을 하고, 저녁 이후로 밤 시간에는 대부분의 생명체들이 쉬면서 잠을 잔다. 잠을 잘 수 있는 밤이 있다는 것은 얼마나 다행인지 모르겠다. 그러나 현대는 과학기술의 발달로 밤이 낮처럼 밝은 불야성을 이루고 있으며, 많은 사람들이 잠 못 이루는 밤을 지새우기도 한다.

현대인들은 바쁜 일상 가운데 늘 시간에 쫓기며 생활을 하고 있다. 학생도 직장인도 모두 시간에 내몰리는 삶을 살고 있다고 해도 과언이 아니다. 학생들은 공교육 외에도 사교육 등으로 인해 공부하는 시간이 부족하다고 한다. 부족한 공부 시간을 보충하기 위해 잠자는 시간을 줄인다.

그러나 잠을 충분히 자지 않으면 득보다 손실이 더 많이 발생한다. 수면이 부족하면 오히려 신체적, 정신적 기능이 저하돼 일의 효율성이 떨어지는 경우가 많다. 평소보다 4시간을 못자면 반응 속도가 45%가량 느려지고, 하룻밤을 전혀 안자고 꼬박 세우면 반응 시간이 평소의 두 배 가까이 길어진다는 연구 보고도 있다. 한국인 적정 수면시간, 잠에 관해 잘못 알고 있는 상식들', 헬스조선, 2014년 1월 9일

하버드 의과대학의 연구에 따르면 Tom Rath, 'How to Improve and Increase Your Sleep', 월스트리트 저널, 2013년 12월 19일, 수면 부족은 한 해 미국 경제에 생산성 하락만으로 630억 달러약 63조원의 손해를 끼친다고 한다. 수면 시간이 4시간 부족한 것은 맥주 6캔을 마신 것만큼 업무 장애를 일으킨다고 한다. 미국인의 90% 이상이 취침 전 전자통신기기를 사용한다고 답했는데, 이는 밤늦게 받는 메시지가 두뇌의 사고 회로 속으로 들어가게 만들기 때문에 숙면을 방해하게 된다. 전자기기들로부터 나오는 빛으로 인해 멜라토닌 수치가 20%나 감소할 수 있는데, 멜라토닌 감소는 수면에 직접적인 방해가 되기 때문이다. 따라서 숙면을 취하기 위해서는 취침 한 시간 전에는 전자기기의 사용을 중단하고, 밝은 빛

으로부터 차단하는 것이 좋다.

잠을 자는 시간을 줄여서 공부한다고 성적이 오르지 않는다. 오히려 생체리듬이 깨어지고, 신체적, 정신적 기능이 저하되고, 피곤이 쌓이게 되기 때문에 학습효율이 떨어진다. 잠이 부족하면 쉽게 짜증이 나고, 우울증과 같은 정신적 질환뿐만 아니라 위궤양, 심장병, 비만 등 건강을 해칠 우려가 크다.

ASK 공부법을 적용하면, 공부가 스트레스 대신 즐거움을 주기 때문에 평안한 마음으로 잠을 잘 수 있다. 무엇보다 공부시간이 현저하게 줄어들기 때문에 잠을 충분히 잘 수 있다. 충분한 잠을 자면 피로와 스트레스가 풀리기 때문에 건강해지고, 매사에 긍정적인 마음자세로 생활을 할 수 있다.

특히, 잠이 부족하면 논리력과 사고력, 집중력과 판단력이 떨어지기 때문에 창의성을 요하는 어려운 문제를 푸는데 어려움을 겪는다. 충분한 수면은 피로를 풀 수 있는 휴식의 시간이며, 다음 날 살아가는데 필요한 에너지를 재충전하는 시간이다. 따라서 적절한 수면시간은 집중력과 창의력을 높이고, 공부의 효율을 높일 수 있다. 하루 7-9시간 숙면을 취하는 것은 육체적 정신적 건강에 이로울 뿐만 아니라 학습효과를 높이는 데 필수적이다.

ASK 공부법 적용사례 4

안녕하세요 교수님,

저는 화학공학부 이00입니다. ASK 공부법을 가르쳐주셔서 감사합니다.

제가 처음 물리화학1 를 공부할 때는 배경 지식도 없을 뿐 더러 마구잡이식으로 공부를 하여 시간도 오래 걸릴 뿐더러 뒷장을 공부하면 앞장이 생각이 안 나는 등 많은 어려움이 있었습니다. 성적은 간신히 B0를 받았습니다.

그러던 중에 교수님과의 상담을 통해서 ASK 공부법을 알게 되었고, 물리화학2를 수강할 때 적용하였습니다. 강의를 듣고 공부하면서 모르는 것들을 표시하거나 옆에 적어놓고A 단계, 모르는 것들을 해결하는S 단계 식으로 공부를 했습니다. 그 결과, 문제를 해결하기 위해 이미 알고 있는 관련 지식들을 다시 정리하고 복습함으로써 배경지식이 어떻게 응용되는지를 알게 되었고, 내가 무엇이 부족하고 어떠한 방향으로 공부해야 할지 알게 되었습니다.

  그리고 ASK 공부법을 적용할수록 공부에 들이는 시간이 줄어들어서, 남는 시간들을 효율적으로 사용할 수 있었습니다. 이렇게 공부를 하다 보니 당연히 성적도 올라, 자신 없었던 물리화학2에서 A+이라는 높은 점수를 받았습니다. 이러한 공부법을 알려주셔서 감사합니다!

7

창의인재를 키우는 미래교육 솔루션
– ASK 교육법

1. 좋은 선생님

강의 시간 첫 3분이 중요

　강의 시간이기 때문에 마지못해 책상에 앉아서 강의를 들으면서도 딴 생각을 하는 학생들이 의외로 많다. 교사가 열심히 준비를 하고 강의를 한다 해도, 학생들이 집중해서 듣지 않는다면 교육의 효과는 반감된다. 또한 교육자에게도 강의 자체가 스트레스로 부담이 된다. 어떻게 하면 학생들이 처음부터 끝나는 시간까지 열심히 진지하게 강의를 들으면서 재미있어라 하는 분위기를 만들 수 있을까?

　사람은 감정과 느낌을 동시에 가지는 존재이기 때문에 마음의 준비가 되어 있지 않으면, 들으려 하지도 않고, 받아드리려 하지도 않는다. 마음이 닫혀 있는 상태에서는 아무리 쉬운 내용을 설명해도 이해를 못한다. 이렇게 되면 교사의 일방적인 가르침이 될 뿐이고, 학생들은 강의 시간이 어서 지나가기 만을 기다린다. 따라서 학생들의 교육 참여도를 높이는 좋은 강의가 되기 위해서는 '교사와 학생들이 일체감을 갖고, 인격적인 교감을 하면서 재미있게' 강의를 진행하는 것이다. 이를 위해서는 본 강의가 시작되기 전, 첫 3분 동안에 학생들의 마음을 여는 게 중요하다. 그 방법은 무엇일까?

학생들의 마음을 여는 방법은 의외로 간단하다. 소소한 일상에서 겪은 일이나 생각들이 마음을 여는 좋은 소재가 된다. 그 내용이 재미있고 긍정적이면 무엇이든 좋다. 그러나 부정적 또는 비관적인 내용, 남을 비난하거나 사회를 비판하는 내용, 불만이나 화를 표출하는 내용은 절대로 금물이다. 사람은 기분이 좋고, 감사가 느껴지고, 긍정적인 생각이 들 때 마음을 열기 때문이다. 강의 시간 첫 3분의 중요성을 알게 되면, 교육자는 일상에서 일어나는 일들을 그냥 지나치지 않는다. 교육과 연계시켜서 소소한 일상의 일들을 소재로 다양한 교육용 에피소드를 개발할 수 있다.

2시간 연속되는 강의인 경우는 중간 휴식 시간 후에, 학생들의 마음을 다시 열고 갈수 있도록 3분을 학생들에게 주는 게 좋다. 필자가 사용하는 방법은 휴식 시간 후에 2명의 학생을 호명하고, 강단에 나와서 30초씩 자기소개를 하고 질문을 받도록 하는 것이다. 30초는 짧은 시간이지만, 경험이 없거나 준비가 안 되어 있으면 결코 짧은 시간이 아니다.

미리 학생들에게 30초 동안 자기를 소개하는 시간을 갖는다고 공지하고, 순번을 정해 준다. 자기소개 내용은 자신의 장점, 성격, 생활철학, 비전 등을 드러낼 수 있는 긍정적인 내용이면 좋다. 자기의 단점을 얘기하는 경우는, 그 단점을 극복한 방법을 중점적으로 소개하면 좋다. 사람들이 듣고 인상 깊게 잘 기억할 수 있는 내용이면 아주 좋다. 정 할 얘기가 없으면, 노래라도 한 곡 부르거나, 장기자랑을 하도록 한다. 자기소개 후에는 질의응답을 통해서 학생들이 더 잘 알고 친해질 수 있는 계기를 마련해준다. 질의응답이 끝난 후에는 선생님이 자기소개한 학생을 칭찬하거나, '이러이러한 방법으로 자기소개를 하면 더 좋겠다'는 권면을 해주는 시간을 갖는다. 자기소개에서 질의응답과 선생님의 총평까지 총 5분을 넘지 않도록 한다.

자기소개 시간은 종종 '오락시간 같은 분위기'가 학생들에 의해 연출되기 때문에 웃음이 넘치는 시간이 될 때가 많다. 30초 자기소개 시간은 짧지만, 학생들에게는 아주 좋은 경험이 되는 시간이기도 하다. 한 학기 강의가 끝난 후에 실시하는 학생들의 강의평가 결과를 보면, 자기소개 시간을 통해서 '그동안 잘 몰랐던 친구들에 대하여 더 잘 알고 이해하게 되어서 좋았다'고 대부분의 학생들이 응답하였다. 물론 '2시간 연속되는 강의지만, 강의 시간이 지루하지 않았다'는 평가는 덤이다.

다음과 같은 이야기 소재들이 강의 첫 3분 동안에 첫 학생들의 마음을 여는 데 사용될 수 있다.

- 일상에서 실수했던 이야기<small>교육자의 인간적인 면을 보여줄 수 있는 내용</small>
- 직접 겪었거나 목격했던 감동적인 사건에 대한 이야기
- 집에 키우는 반려 동물들에 대한 이야기
- 좋은 영화나 예술작품 등에 관한 이야기
- 주말 TV 프로그램 중 재미있었거나, 감동적이었던 프로그램 이야기

- 누구나 좋아하는 스포츠에 관한 이야기
- 귀감이 되는 훌륭한 인물에 대한 이야기
- 학생들의 자신감과 자긍심을 심어 줄 수 있는 이야기

아래와 같은 사소한 질문들도 학생들의 마음을 여는 데 좋다.

- 태양이 없으면 어떻게 될까?
- 밤이 없으면 어떻게 될까?
- 지구상에 가장 많이 있는 것은 무엇일까?
- 오늘 아침 첫 눈이 왔네. 눈은 왜 하얀색일까?
- 어름이 녹으면 뭐가 될까?
- 모든 식물들은 잎이 왜 녹색일까?
- 식물들의 잎이 검정색 또는 빨강색이면 어떤 문제
  가 생길까?
- 꽃들은 왜 아름다울까?
- 꽃샘추위는 왜 있을까?
- 왜 바람이 불까? 오늘은 왜 바람이 없지?
- 사람은 왜 착하게 살아야 할까?

안녕하세요. 교수님의 보디가드 조OO입니다. 감사한 마음을 전하고자 펜을 들게 되었습니다. 다른 과목과 마찬가지로 저는 교수님께는 스쳐 지나가는 수 많은 학생들 중 한명일 줄 알았습니다. 하지만 교수님께서 저를 기억해주시고 관심을 가져주셔서 행복했습니다. 김춘수의 '꽃' 이라는 시가 많이 생각났습니다.

교수님의 수업을 들으며 열 및 물질전달에 대한 지식뿐만 아니라 많은 것을 얻어갈 수 있었습니다. 공부 방법에 대해서도 배웠고 무엇보다 교수님께서 살아오시며 느끼셨던 말씀들에 많은 깨달음을 얻었던 것 같습니다. 교수님께서 꿈에 대한 말씀을 하시면서 '꿈보다 더 중요한 것은 인격이다'라고 하셨는데, 저 자신을 돌아볼 수 있었습니다.

2시간 연속강의 시에 30초 자기소개 시간을 통해서 친구들의 생각도 알 수 있었고, 사회에서 요구하는 사람들에 대해서도 생각해 볼 수 있었습니다. 자기소개 시간은 전공 공부의 지루함도 달래주고, 같은 수업을 듣지만 서로에 대해 잘 알지 못했던 친구들에 대해 알 수 있는 유익한 시간이었습니다.

ASK 공부법을 처음 적용하며 변화에 대한 두려움도 있었고, 모르는 것을 찾아가는 시간이 많이 든다는 생각을 하였습니다. 학업 외에 다른 활동에 시간을 많이 보내는 저에게는 힘들 수도 있겠다는 생각을 하였습니다. 그래서 처음에는 모르는 내용에 체크하는 공부법만 받아들였습니다. 그런데, 체크를 하게 되며 느낀 것은 이 사소한 습관이 놀라울 정도로 많은 효과를 가져다 준다는 것이었습니다.

공부를 하며 체크를 하지 않았을 때는 아는 내용을 다시 읽고 또 읽게 되지만, ASK 공부법을 적용하여 모르는 것마다 체크를 하니 두 번째 볼 때는 그 부분에 초점을 맞출 수 있었습니다. 100을 보아야 되는 상황에서 20정도만 보게 되니 50이상의 시간이 남게 되었습니다. 그 시간을 통해 몰랐던 내용에 대해 더 깊은 이해를 할 수 있게 되었고, 궁금증이 해소되면서 느끼는 쾌감은 시너지 효과를 얻었습니다.

그렇게 공부를 하며 모르는 부분을 다양한 기호를 사용하여 표시하고, 모르는 내용을 키워드를 통해 체크 표시 주변에 정리함으로써 복습할 때 눈에 딱딱 들어오게 되었습니다. ASK 공부 방법은 외국대학 교환학생을 준비하고, 운동에 빠져 사는 제가 이번 학기를 무사히 마칠 수 있는데 큰 도움이 되었습니다. 교수님 이번 한 학기 동안 많은 관심 정말 감사하였습니다.

설계 최종 발표의 마무리와 함께 종강이 찾아와 아쉬웠는데, 교수님께서 제게 건네주신 악수 덕분에 그날 하루 참 따뜻했습니다. 한 학기 동안 교수님의 보디가드로 지내게 되어 행복했습니다.

전북대학교 화학공학부 조○○

>>> 인격적인 지식 전달자

학생들은 나이가 어리지만 인격체이기 때문에 인격적인 대우를 받고 싶어 한다. 학생들은 강의 시간에 반말 듣는 것을 싫어하고, 반말을 사용하는 교사를 싫어한다. 반말을 사용하는 강의가 계속될 경우, 학생들은 선생님을 인격적으로 존경하지 않게 되고, 따라서 학습효과도 현저하게 떨어진다.

선생과 제자간의 간격을 허물기 위해서 교실 밖에서 반말을 사용하는 경우가 있을 수 있다. 그러나 이런 경우라도 부드러운 언어, 긍정적인 단어들을 사용하여 학생들이 자존심을 상하거나 인격적인 모욕을 느끼지 않도록 주의해야 한다. 명심해야할 사실은 '말을 많이 하다 보면 실수가 생긴다'는 점이다.

또한 학생들은 명령조 어투, 빈정거리는 어투, 무시하는 듯한 어투, 비웃는 듯한 어투, 모욕감을 느끼게 하는 말을 싫어한다. 사람은 누구나 감정과 느낌이 있기 때문에 이런 말을 들을 때 기분이 나빠진다. 학생들은 기분 좋은 말, 격려가 되는 말, 위안이 되는 말, 칭찬하는 말, 희망을 갖게 하는 말, 자신감을 갖게 하는 말, 좋은 결단을 하게 하는 말,

인정해주는 말을 듣고 싶어 한다. 물론 비속어도 사용하면 안 된다. 비속어를 사용하는 교사를 학생들은 천박하게 생각하고 존경하지 않기 때문이다.

학생들의 마음을 열기 위해 재미있는 유모어를 사용하는 경우도 있다. 학생들이 모두 가벼운 마음으로 환하게 웃을 수 있는 유모어는 바람직하다. 그런데 종종 웃기기 위해 외모를 주제로 유모어를 하는 강사나 교사가 있다. 예를 들면, "학생은 얼굴이 참 자유롭네요", "얼굴은 민주주의고, 몸은 복지사회네요." 이런 말을 하면 대부분의 학생들은 웃는다. 그러나 이런 유모어는 좋은 유모어가 아니다. 오히려 모욕감을 느끼게 하는, 재미없는 말장난에 지날 뿐이다. 학생들을 잠깐 웃길 수는 있겠지만, 당사자에게는 결코 웃음이 아닌 큰 상처가 되기 때문이다.

한 치 혀가 만들어 내는 말이 사람을 살리기도 하고, 죽이기도 한다. 가는 말이 고아야 오는 말도 곱다. 사람은 상대방을 무시할 때, 인격적으로 존중하지 않을 때 반말이나 비속어를 사용한다. 사람의 인격은 그 사람이 사용하는 언어를 통해서 나타난다. 평상시에 생각하던 것들이 말로 표현되는 경우가 많기 때문에 언어는 사람의 생각과 인격을 나타내는 척도가 되기도 한다. 따라서 학생들에게 전인 교육을 시키는 교육자들은 학생들의 인격을 존중하며, 순화적인 언어를 사용하는 인격적인 지식 전달자가 되어야 한다.

>>> 좋은 선생님

세상에서 존경을 받는 성공한 사람들의 공통점 중의 하나는 '성공의 배후에 좋은 선생님'이 있었다는 것이다. 우리나라 역사에서 조선시대의 성리학자이며 정치가, 사상가, 작가, 시인, 교육자인 율곡 이이李珥에게는 어머니 신사임당 이라는 훌륭한 선생님이 있었다. 영국의 총리 윈스턴 처칠이 '우리 시대에 가장 위대한 여성'이라고 칭송했던 헬렌 켈러Helen Adams Keller는 삼중 장애시각, 청각, 언어를 가지고 있었지만, 모든 역경을 극복하고 작가, 교육자이자 사회주의 운동가가 되었다. 그녀를 세계인들이 존경하는 가장 위대한 여성으로 키워낸 배후에는 훌륭한 선생님, 앤 설리번Anne Sullivan이 있었다.

좋은 선생님은 어떤 사람일까? 역사상 우리가 알고 있

는 훌륭한 선생님들을 바탕으로 정의를 내린다면, '가르치는 분야에 대한 실력이 있고, 지식과 함께 인간의 도리와 지혜를 가르치고, 학생들을 인격적으로 사랑하며, 어려운 환경에 처했을 지라도 극복할 수 있도록 희망을 주는 선생님'이 아닐까. 지식과 정보가 홍수처럼 넘쳐나는 시대에 지식전달자는 많으나 학생들이 존경할 만한 좋은 선생님이 없다면, 인격적으로도 훌륭한 인재들이 양성되지 않는다.

교육자는 누구나 학생들의 존경을 받는 선생님이 되고싶어 한다. 어떤 선생님이 학생들의 존경을 받을 수 있을까? 필자에게도 늘 고민이 되는 질문이다.

먼 옛날 학창시절을 돌아보면, 내가 좋아하고 존경했던선생님들이 있다. 지금도 기억하고 존경하는 초등학교, 중고등학교, 대학 시절의 선생님들은 모두 나에게 많은 관심을 가져 주셨던 분들이다. 그리고 따끔한 훈육 후에는 안타까운 눈으로 쳐다보시며 보다듬어 주시고, 실망하지 않도록 격려하고, 할 수 있다는 자신감을 심어주셨던 분들이다. 내가 존경했던 선생님들은 강의 시간에 반말을 쓰지 않으셨고, 학생들을 함부로 대하지 않으셨다.

미국 유학시절의 지도교수님은 나를 교육하실 때는 무

척 엄격하셨지만, 사석에서는 아버지처럼 큰 형님처럼 대해주셨다. 주말에는 같이 운동도 하고, 콜라와 햄버거도 같이 먹을 수 있었고, 일상적인 대화를 하며 유쾌하게 웃을 수 있는 분이셨다. 잘 안될 때는 자신감을 잃지 않도록 격려해주시고, 좋은 결과가 나오면 기뻐하시고 칭찬해주셨다. 그리고 있는 모습 그대로 꾸밈이 없이 학생들을 대하시는 분이셨다. 그 때 그 시절, 초등학교 때부터 박사과정을 마칠 때까지 나를 잘 가르쳐주신 선생님들이 고맙고 그립다.

율곡 이이와 어머니 신사임당

이이李珥, 1537년~1584년는 조선시대의 문신, 성리학자이며 정치가, 사상가, 교육자, 작가, 시인이다. 어머니 신사임당은 조선시대 중기의 유학자, 화가, 작가, 시인으로서 높은 덕을 지닌 인격자였을 뿐만 아니라, 절개가 굳고 시부모를 잘 섬긴다고 칭송을 받던 인물이었다.

이러한 어머니를 두었던 이이는 어려서 어머니에게서 학문을 배웠다. 이런 교육환경 덕에 그는 어려서부터 매우 총명하였다. 3세 때에 이미 글을 깨우쳤을 뿐만 아니라, 어머니 신사임당의 글과 그림을 흉내낼 정도로 놀라운 천재였다.

1548년, 이이는 13세 때 진사 초시에 장원 급제하였으며 15세 때에는 다른 사람에게서 더는 배울 것이 없을 정도로 학문이 탁월하였다. 이이에게는 절친한 친구 우계 성혼成

渾, 1535~1598년, 조선 중기의 문신, 작가, 시인이며 성리학자, 철학자, 정치인 이
있었는데, 청년기의 이이와 성혼은 시류의 타락을 논하며 "
살아도 같이 살고 죽어도 같이 죽자"고 맹세하였다.

　　이이는 29세 때 대과에 장원급제하여 정6품 호조 정랑
으로 등용된 이래 예조와 청요직인 이조 좌랑, 그 뒤 사간원
과 사헌부를 거쳤다.
　　1581년에는 장차 임진왜란이 발발할 것을 예지하여 십
만양병설을 주장하였고, 이와 더불어 군사훈련 등을 주창했
으나, 선조와 대신들의 반대와 거부로 인하여 뜻을 이루지
못하였다고 알려져 있다. 위키백과

헬런 켈러와 설리번

헬렌 켈러Helen Adams Keller, 1880~1968는 미국의 작가, 교육
자이자 사회주의 운동가이다. 그녀는 하버드대에서 인문계
학사를 받은 최초의 3중 장애시각, 청각 중복 장애인이었다. 헬렌
켈러의 장애를 앤 설리Anne Sullivan 선생과 극복한 유년시절
을 다룬 영화《미라클 워커, The Miracle Worker》로 인해 그
녀의 이야기는 전 세계적으로 널리 알려지게 되었다

"세상에서 가장 아름답고 소중한 것은 보이거나 만져지
지 않는다. 단지 가슴으로만 느낄 수 있다"

시각, 청각, 언어 장애의 삼중고를 안고 살았지만 진정
으로 세상을 보고 듣고 느끼며 살았던 헬렌 켈러의 말이다.
눈은 보이지 않고 귀도 들리지 않고 말도 하지 못하는 삼
중의 고통을 극복하고 사회복지를 위해서 생애를 바친 헬렌

켈러. 그녀는 미국 본토는 물론 해외에서도 강연 여행에 나서 맹인 및 신체장애자에 대한 세상의 이해와 협력을 구하고 사람들에게 커다란 희망과 복음을 심어 주었다. 위키백과

2. 미래교육 솔루션 - ASK 교육법

>>> A단계 교육법(Ask a question)

▶ 강의 준비를 잘 하라

교사는 수업에 임하기 전에 그 날 가르칠 내용을 숙지하고, 핵심적으로 가르쳐야 할 내용들이 무엇인지를 잘 정리하는 게 중요하다. 수업을 준비하는 과정에서 교사가 이해가 안 되는 내용이 있다면, 그 내용을 학생들에게 가르쳐서는 안 된다. 강의는 잘 모르는 내용을 암기해서 가르치는 것이 아니다.

학생들이 수업내용을 잘 이해하지 못하고 어려워한다면, 그 책임은 교사에게 있다고 해도 거의 틀림이 없다. 가르쳐야 할 내용들과 새로운 개념들에 대한 정확한 이해를 하지 않고서는 학생들에게 쉽고 재미있게 가르칠 수 없다. 따라서 강의를 준비과정에서 모르는 내용이 있으면 기호√또는 ?로 표시해서 강의시간 전에 해결해야 한다. 모르는 내용이 해결되지 않았다면, 강의 시간에 가르치지 않는 게 현명하다.

강의를 진행할 때 학생들에게 일방적으로 지식을 전달하는 것은 효과적인 방법이 아니다. 학생들과의 소통과 교감이 없는 강의는 학생과 교사 모두에게 지루하고 딱딱한 노동이 된다. 이런 분위기에서는 아무리 중요한 내용을 가르친다고 해도 학생들은 거의 강의에 집중하지 않는다. 시청각 자료를 사용하여 강의를 한다 해도 일방적으로 지식을 전달하는 방법에는 한계가 있다. 어떻게 하면 강의 시간 내내 학생들의 주의를 집중시키면서 강의를 진행할 수 있을까?

▶ 질문하고, 생각하게 하라

필자가 주로 강의시간에 사용하는 방법은 '배우는 내용들에 대하여 학생들에게 끊임없이 질문을 하는 것'이다. 일방적인 지식을 전달하는 것이 아니라, 배워야 할 내용들의 요점들을 하나씩 학생들에게 질문하는 형식이다. 질문을 하고 학생들이 생각할 수 있도록 시간을 준다. 강의시간에 학생들과 교사가 서로 질문하고 응답하는 것이 이뤄진다면, 그 강의는 재미있고 살아 있는 雙方向 교육이 된다.

사람은 질문을 받으면 생각하기 시작한다. 머릿속에서는 알고 있는 지식을 기억해내기 위해 분주해지며, 어떻게 대답해야할지 생각하기 시작한다. 따라서 질문하는 방식은 학생들로 하여금 생각하게 하고, 강의에 직접 참여하도록 하는 교육방법이다. 질문하고 생각하고 답변하면서 배우는 지식은 이해가 빠르기 때문에 응용할 수 있는, 살아 있는 지식이 될 확률이 높다.

또한 학생들이 강의를 들으면서 이해가 안 되거나, 잘 모르는 부분이 있으면 질문하도록 유도한다. 그런데, 우리나라 학생들은 질문을 잘 하지 않는다. 그 이유는 여러 가지가 있지만, 대표적인 이유는 '질문했다가 창피를 당할까봐, 질문하면 다른 학생들이 싫어하고, 선생님이 싫어할까 봐' 라고 한다.

교사들은 학생들에게 질문하는 것이 '새로운 지식을 알아 가는 과정에서 얼마나 중요한 지'를 주지시켜야 한다. 학생들이 질문을 꺼려하는 가장 큰 이유는 '혹시 내가 하는 질문이 말도 안 되는 질문이 아닐까'하는 일종의 두려움 때문이다.

유대인 부모들은 자녀들에게 "수업 시간에 질문하는 것을 절대로 창피해 하지 말라"고 가르친다. 질문에는 '좋은 질문' 또는 '좋지 않은 질문'이 없다. 내가 모르는 것이라면, 내가 알고 싶은 것이라면, 그 것이 내게는 가장 좋은 질문이다. 따라서 질문하는 것을 두려워하지 않도록 학생들을 격려하고, 질문한 학생들을 칭찬함으로써 자유롭게 질문하는 분위기를 만들어 주는 게 필요하다.

교수님, 안녕하세요.

이번학기 열 및 물질전달을 수강한 화학공학부 3학년 이△△입니다.

다름이 아니라 처음에 교수님을 평생지도교수로 뵙고 난 뒤 교수님 과목을 처음으로 수강했는데, 저한테는 정말 뜻 깊은 강의여서 감사의 말씀을 전하고자 메일을 전합니다.

대학교 들어와서도 고등학교랑 비슷한 수업방식에 많이 실망했었는데, 교수님 강의를 듣고 나서 좋아졌습니다. 질문을 통하여 학생과 교수님이 서로 커뮤니케이션^{소통} 하는 ASK 수업방식이 정말 좋았습니다.

그리고 수업 중간마다 해주시는 "자신이 모르는 것을 질문하는 것이 최고의 질문이다"와 같은 조언들도 정말 좋았습니다. 최근에 자존감이 많이 떨어졌었는데 교수님이 수업

마지막 날 해주신 "너희는 모두 특별하다" 라는 말이 저에게는 정말 큰 힘이 되었습니다.

    다음 학기에도 수업 꼭 수강하겠습니다.

    행복한 크리스마스 보내십시요. 새해에도 좋은 모습으로 다시 뵙겠습니다!

전북대학교 화학공학부 이△△

▶ 찾게 하라 (지식의 퍼즐 조각 찾기)

학생들에게 질문했을 때 쉬운 질문에는 비교적 잘 대답을 하지만, 어려운 질문에는 학생들이 답변을 잘 못하는 경우가 많다. 이럴 경우는 학생들이 해답을 찾을 수 있도록 힌트를 주는 게 좋다. 즉, 답변에 필요한 지식의 퍼즐 조각들을 찾게 하는 것이다.

▶ 토론하게 하라 (지식의 퍼즐 조각 맞추기)

질문이나 문제를 받았을 때, 주어진 시간동안에 해답을 찾기 위해 학생들이 서로 토론할 수 있도록 할 수 있으면 아주 좋다. 질문에 대한 토론위주의 학습은 학생들이 알고 있는 지식과 경험을 바탕으로 스스로 해답을 찾아 가는 경험을 하게 한다. 강의 시간 중 절반 동안에 공부할 내용의 핵심을 가르치고, 나머지 시간에는 문제를 주고 토론을 하도록 하면 좋다.

유대인은 세계 인구의 약 0.2퍼센트에 지나지 않는 소수민족이다. 그러나 역대 노벨상 수상자의 22 퍼센트가 유대인이며, 특히 2013년도에는 노벨상 수상자 12명 중 6명이

유대인이었다. 유대인들이 여러 분야에서 두각을 나타내는 이유는 유대인의 자녀교육법인 '하브루타'에 해답이 있다. '하브루타'는 히브리어 '하베르'에서 파생된 말로 '친구'라는 뜻이다. 하브루타 교육법은 친구끼리 짝을 지어 책을 소리 내어 읽고, 서로 질문하며, 토론하고, 논쟁하는 방법이다. 하브루타 교육법의 장점은 친구와의 질문, 토론, 논쟁을 통해서 사고력과 창의력을 키우고, 다양한 지식을 쌓는 것이다.

토론중심의 교육이 강의 시간에 적용하기가 어려울 경우에는 방과 후의 특별활동 시간 또는 자율학습 시간을 이용하면 된다. 2명 또는 4명씩 공부 동아리를 만들어 주고, 그날 배운 내용들 중에서 모르는 것들 위주로 토론 중심의 학습을 하도록 유도한다. 토론을 통한 학습은 지식의 퍼즐 조각을 맞추어 가는 과정으로서, 친구들과의 토론을 통해서 많은 것을 느끼고 배우게 하는 시간을 제공한다. 주어진 문제에 대하여 동아리별로 서로 질문과 토론을 통해서 답을 찾게 하고, 나중에 해답을 공개함으로써 그룹별로 확인할 수 있도록 하면 더욱 좋다.

▶ 완성하게 하라 (지식의 퍼즐 완성하기)

　주어진 시간동안 토론을 통해서 도출된 문제에 대한 해답을 정리하도록 한다. 해답을 정리할 때, 최대한 쉬운 용어들을 사용하여 쉽게 설명하도록 한다. 알고 있는 지식과 경험을 종합하고 정리^{지식의 퍼즐 맞추기}완성하는 능력을 키울 수 있다. 토론을 할 수 없는 교육환경에서는 '지식의 퍼즐 조각 찾기'에서 찾은 것들을 바탕으로 질문 또는 문제에 대한 답을 글로 정리하도록 한다.

ASK 공부법 적용사례 7

　　'에너지와 일'에 대한 강의를 할 경우, 아래와 같은 방법으로 A단계와 S단계 교육을 진행한다.

교사: 우주에는 에너지와 물질이 가득하고, 시간과 공간을 제외한 만물이 에너지와 물질로 구성되어 있습니다. 그리고 모든 생명체가 에너지와 물질을 사용합니다. 에너지와 물질이 없다면, 어떤 생명체도 살 수 없습니다. 오늘은 '에너지와 일'에 대한 공부를 하도록 하겠습니다. 여러분 매일 매일 에너지를 사용하지요?

학생들: 네..!!!

교사: 그렇다면, 우리가 매일 사용하고 있는 에너지는 무엇일까요? 에너지에 대한 정의를 설명할 수 있는 사람 손들어 보세요.

학생들: …??… 에너지 정의에 대하여 다양한 답변들, 생각들을 말한다. 교사는 정답이 아닐지라도 틀렸다고 하지 말고 '좋아요. 좋은 답변(생각)이네요' 라고 칭찬해야 한다. 정답에 근사한 대답을 한 학생이 있으면, 아주 좋은 답변이라고 칭찬하면서 조금만 더 깊이 생각해보고, 다른 학생들도 이 학생의 설명을 바탕으로 더 생각해보라고 한다.

교사: 좋은 설명들이 많았는데, 10% 정도 부족해요. 여러분 에너지가 없으면 일을 할 수 있어요, 없어요? 힌트를 주는 질문

학생들: 없습니다~~!!!

교사: 맞아요. 에너지가 없으면 일을 할 수 없어요, 따라서 '일을 할 수 있는 능력을 에너지' 라고 해요. 이런 에너지에 대한 정의때문에 에너지가 없으면 일을 할 수 없어요. 그러면 에너지의 단위는 무엇일까요? 무슨 단위와 같을까요?

학생들: …??… 일의 단위와 같아요!

교사: 와~~맞았어요! 어떻게 그런 생각을 했나요?!!! 천재인가 봐! 그렇다면 일을 어떻게 정의할 수 있을까요?

학생들: ...???... 다양한 답변이 나온다.

교사: 칠판에 그림을 그리면서 어떤 물체에 힘을 가했을 때, 힘을 가한 방향으로 물체가 움직이면 일을 했다고 하지요. 이 때 일W은 물체에 가한 힘F과 물체가 움직인 거리d를 곱해서 구할 수가 있어요. 즉, $W=Fd$로 구해요. 힘의 단위는 뉴톤N이고, 거리 단위는 미터m이기 때문에 일의 단위는 Nm 이며, Nm를 주울J이라고 정의해요, 즉 $J = Nm$. 따라서 에너지의 단위는 주울 J입니다.

교사: 여러분 일상에서는 열$heat$이라는 말을 많이 사용하고, 에너지와 열을 혼용하지요? 열은 무엇인가요? '열'의 정의를 아는 사람 설명해보세요.

학생들: ..... 다양한 답변들 ,,,,

교사: 힌트를 줄께요. 에너지는 형태가 있나요?

학생들: .....있어요..??..없어요..??..

교사: 에너지는 어떤 모양이나 형태를 가지지 않아요. 그렇지만 에너지는 느낄 수 있어요. 여러분, 어떤 경우에

느낄 수 있을까요? 이 질문에 대한 답변이 바로 열을 설명하는 데 필요한 힌트에요. 자, 이제 '열이 무엇인지' 누가 설명해보세요.

학생들: ….? ?.….? ?… 다양한 답변들….

교사: 비슷한 답이 나왔는데, 2% 부족해요. 자, 잘 들으세요. '온도차에 의한 에너지의 이동을 열'이라고 해요. 따라서 온도차가 있을 때 뜨겁거나 차갑다고 느끼는 거랍니다! 온도차에 의한 에너지의 이동을 '열전달'이라고 하는데, 공학에서 아주 중요한 전달현상이랍니다. 우리 주위와 산업 현장에서는 열전달 현상을 이용하는 기술들이 많은 데, 어떤 것들이 있는지 서로 토론해 보세요.

>>> 3 K단계 교육법(Knock the door of knowledge)

K단계 교육법은 A단계와 S단계를 통해서 알게 된 새로운 내용들을 잘 이해하고 있는지, 응용할 수 있는지를 확인하는 단계이다. K단계에서는 새로 배운 내용들의 핵심을 정리해주고, 주의해야 할 사항이 있으면 함께 알려준다. 필자는 중요한 내용들을 다양하게 반복하여 설명해주는 방법을 사용하는데, 학생들이 필자의 강의를 좋아하는 이유 중의 하나이다.

학생들이 새로 배운 내용을 잘 이해하고 있는지를 확인하기 위해 학생들에게 자발적으로 설명할 수 있도록 기회를 준다. 학생들이 자발적으로 참여하지 않는 경우는 학생들을 지명하여 설명해보도록 하는 것도 좋다. 필자는 강의 첫 시간에 '학생들의 강의 참여도를 매우 중요하게 여기고, 최종 성적평가에도 반영'함을 광고함으로써 학생들의 참여도를 높이고 있다. 학생들이 설명할 때는 가장 쉽게 설명하도록 요구한다. 참여한 학생에게는 어떤 식으로든 칭찬하는 게 좋다. 한 학생의 설명이 충분하지 않은 경우, 다른 학생이 이어서 설명하도록 한다.

K단계에서는 학생들의 이해도를 확인한 후에 새롭게

알게 된 지식들의 쓰임새를 가르쳐야 한다. 예제나 연습문제를 중심으로 어떻게 응용할 수 있는지를 가르친다. 문제 풀이 시간에는 교사가 일방적으로 처음부터 끝까지 문제를 풀지 말고, 학생들에게 어떻게 풀 것인지를 단계마다 물어보는 게 좋다. 그리고 배운 지식들이 일상에서는 어떻게 응용될 수 있는지를 설명해주면 더욱 좋다. 과학수업인 경우는 A단계와 S단계에서 배운 내용들을 실험을 통해서 확인할 수 있도록 하면 된다.

3. 부모의 역할

>>> 자녀와의 인격적인 대화가 중요하다

자녀들이 어렸을 때 가졌던 천재성을 유지 또는 회복하기 위해서는 부모의 역할 또한 중요하다. 아이들은 말을 할 줄 알면서 부터 궁금한 것들이 많기 때문에 그 해답을 찾기 위해 부모와의 대화를 끊임없이 시도한다. 그런데, 문제는 부모들이 시도 때도 없이 물어보는 아이들의 질문을 귀찮게 생각할 때가 많다는 점이다. 이렇게 되면 아이들이 궁금한 게 있더라도 물어보는 것을 억제하게 되고, 따라서 궁금증을 풀기 위한 생각도 점점 안 하게 된다. 문제는 '궁금해 하지 않고는 창의성이 발달하지 않는다'는 점이다. 천재성을 가진 자녀로 키우기 위해서는 부모의 역할이 매우 중요하다.

대화는 또한 사랑과 관심의 표현이다. 아이들은 일상에서 겪는 사소한 일들도 부모님과 나누기를 바란다. 그러기 때문에 어린 아이들은 밖에 나갔다 오면 엄마 뒤를 쫓아다니며 이런 저런 얘기들을 하는 것을 좋아한다. 학교에 갔다 오면, 학교에서 있었던 일들을 하나하나 부모에게 들려준다. 엄마나 아빠가 아이의 말을 잘 받아주고 들어 주면, 아이들은 자라서도 부모와 대화를 잘 한다. 문제는 많은 부모들이 그렇게 하지 못한다는 것이다. 어린 자녀들에게 조그만 관심을 가지면 훌륭한 인재로 키울 수 있다.

자녀들과 대화할 때, 인격적인 대화와 토론이 중요하다. 부모는 듣는 자세로 아이의 말을 먼저 잘 들어주는 게 좋다. 대화중에 궁금한 점은 아이에게 되물어 본다. 그리고 아이가 어떻게 생각하는지 물어보고, 아이의 생각을 존중해준다. 부모는 일상에서 일어나는 일들, 아이가 경험하는 일들을 중심으로 질문하고 대답하도록 유도한다. 아이가 잘 모르는 것 같으면, 다양한 힌트를 주면서 스스로 해답을 찾도록 한다. 아이가 좋은 생각을 말하면 아낌없이 칭찬해준다.

자녀가 학교에 다니기 시작하면, 그날 학교에서 배운 것들이 무엇인지 물어 본다. 그리고 새로 배운 내용들을 부모에게 쉽게 설명해보도록 한다. 아이가 학교에서 배운 것들을 얘기할 때, 아이의 눈을 쳐다보며 웃으면서 잘 들어준다. 칭찬하는 것은 물론이다. 그리고 일상에서 일어나는 현상 문제들을 중심으로 아이가 궁금증을 갖도록 질문하고, 새로 배운 지식을 어떻게 응용할 수 있는지 물어보면서 토론을 유도한다.

부모와의 끊임없는 인격적인 대화와 토론을 통해서 자란 아이들은 다음과 같은 장점을 가진 인재로 성장한다.

- 자기 생각을 논리적으로 설명하는 방법을 배우게 되고,
- 사람들 앞에서 말하는 것을 두려워하지 않게 되며,
- 매사에 긍정적이고 자신감이 있으며,
- 부모의 인격적인 존중을 받으면서 자랐기 때문에 남을 배려할 줄 알며,
- 자존감과 인격이 훌륭한 창의적인 인재가 될 가능성이 매우 높다.

>>> 좋은 부모가 좋은 자녀를 키운다

'좋은 부모 밑에서 좋은 자녀가 자란다'는 사실은 누구도 부인할 수 없다. 나는 어떤 부모인가? 좋은 부모가 되기 위해서 어떻게 하면 좋을까? 부모가 늘 기억해야 할 사항은 '아이들은 부모를 보고 배우면서 자란다'는 점이다. 아이들은 부모의 언행을 먼저 보고 배운다. 자녀들을 인격적이고 창의적인 훌륭한 인재로 키울 수 있는 좋은 부모가 되기 위해서는 자녀들에게 하는 말부터 조심해야 한다. 사람은 말로 인해 상처를 받을 때가 더 많기 때문이다. 자녀에게 다음과 같은 말을 하는 것이 좋다.

- 아이에게 부정적인 말 대신에 매사에 긍정적인 말을 한다.
- 아이의 자신감을 꺾는 말 대신에 '잘 할 수 있다'고 격려하는 말을 한다.
- 아이에게 거짓말을 하지 않는다.
- 아이가 나쁜 일을 저질렀을 때는 다시는 그러지 않도록 따끔하게 훈육하고, 사랑으로 보듬어 준다.
- 다른 사람을 칭찬하고 배려하는 말을 한다.

부모들은 자녀의 미래를 위해서 공부 잘 하는 것을 원하기 때문에 공부를 강요하는 경우가 많다. 문제는 '아이들을 위해서'라고 하지만, 아이들은 이런 부모의 마음을 이해하려 하지 않고, 좋아하지도 않는다는 점이다. 가장 좋은 방법은 아이가 스스로 공부하도록 하는 것이다. 그러기 위해서는 아이가 공부에 재미를 붙이고, 공부할 필요를 느낄 수 있도록 앞에서 기술한 바와 같이 부모와 자녀가 끊임없는 대화와 토론을 어릴 때부터 하는 버릇을 심어주는 것이다. 그리고 좋은 공부 방법을 가르쳐주는 것이다.

종종 부모가 이루지 못한 꿈을 자녀가 이뤄주길 바라는 마음에서 부모가 원하는 직업을 아이들이 갖도록 강요하는 부모들이 있다. 이렇게 부모의 꿈을 강요하게 되면, 아이는 자기의 인생을 포기하게 되고 평생 부모를 원망하며 살게 된다. 아이들에게 부모의 생각, 판단, 결정을 따르기를 강요하고 지시하는 것은 아이를 소극적이고, 부정적이며, 자신감 없는 자녀로 키우는 지름길이다. 부모는 아이가 '정말 하고 싶어 하는 게 무엇'인지를 잘 살펴서 그 꿈을 이룰 수 있도록 격려해 줄 수 있어야 한다.

지혜로운 부모는 아이가 스스로 결정하며 살아가도록

가르친다. 자녀의 인생은 자녀의 것이기 때문에 최종 결정을 아이가 스스로 하도록 하는 게 좋다. 자녀들은 자신이 스스로 결정해야 할 문제에 부모가 일일이 간섭하는 것을 원치 않는다. 부모는 자녀들이 이루고 싶은 꿈들이 이뤄질 때까지, 아이들이 포기하지 않도록 격려하며 자신감을 심어 줘야 한다.

8

ASK 공부법으로 영어공부 한 달만 해보자

1. 영어 공부의 원칙

21세기는 과학기술의 발달과 함께 국가 간에 사람 간에 교류가 더욱 빈번해지고 있다. 이런 국제화 시대에 영어공부의 필요성이 그 어느 때보다 강조되는 시대에 살고 있다. 영어를 잘 해야 학교 성적도 올라간다. 영어를 잘 해야 좋은 직장도 얻을 수 있고, 실력 있는 사람으로 인정을 받는다. 그래서 누구나 영어를 잘 할 수 있기를 바란다. 그러나 문제는 영어는 외국어이기 때문에 잘 하는 게 어렵다는 점이다.

우리나라에서는 초등학교 때부터 대학을 졸업할 때까지 영어 공부를 하지만, 영어 잘 하는 사람을 찾기가 쉽지 않다. 대학을 졸업하고 취업을 한 후에도 승진을 위하여 영어 공부를 한다. 우리 주위를 둘러보면, 영어 학원이 제일 많고, 영어 원어민 강사들이 제일 많다. 학생들은 가장 많은 시간을 영어공부에 투자하고 있음에도 불구하고 영어가 어렵다고 한다.

그 이유는 무엇일까?

그 이유는 공부방법이 좋지 않기 때문이다.

공부에 원칙이 있는 것처럼, 영어공부에도 원칙이 있어야 한다.

영어공부의 원칙은 '**영어를 영어식으로 하는 것**' 이다.

영어를 영어식이 아닌 우리나라 말 식으로 하기 때문에 어렵고, 10년 이상 영어를 배워도 말 한마디 제대로 하지 못한다. 영어공부는 영어식으로 해야 하는데, 영어식 공부는 의외로 간단하다. 예를 들면 다음과 같다.

"I like you."에 대한 해석을 할 때, 사람들은 "나는 너를 좋아 한다"라고 해석한다. 그런데, 이것은 틀린 해석이다. 이런 해석은 영어식 해석이 아닌, 국어식 해석이기 때문이다. 영어식 해석은 "나는 좋아 한다 너를"이다.

사람들은 대화를 나눌 때, 상대방의 입에서 나오는 단어 순서대로 듣고 이해한다. 문장 해석은 문장을 이루고 있는 단어들을 순서대로 파악하고 이해하면 된다. 영문 해석도 마찬가지다. 영어 문장을 구성하고 있는 단어들을 순서대로 구분하여 영어식으로 해석하면 된다. 아무리 긴 문장이라도 주어, 동사, 목적어가 무엇인지를 확인하면 된다. 나머지는 이들을 꾸미는 형용사 또는 부사이다.

영어를 영어식으로즉, 단어가 나오는 순서대로 구분하여 해석하는 훈련을 쌓아서 익숙해지면 영작문도 회화도 쉬워진다.

예를 들어서 "나는 방과 후에 영어책을 사러 책방에 갔다"를 영작하는 문제가 있다고 가정하자. 이 문장을 영어식으로 바꾸면, "나는 갔다/책방에/영어책을 사러/방과 후에"가 된다. 따라서 영작은 다음과 같이 순서대로 단어를 사용하여 나열하면 완성된다.

나는 갔다: I went
책방에: to a book store
영어책을 사러: to buy an English book
방과 후에: after school

"I went to a book store to buy an English book after school."

영어 문장을 해석할 때는 영어식으로 문장에 나오는 단어들을 순서대로 구분하여 읽으면서 해석하면 된다. 예를 들면, 아래와 같이 기호/를 이용하여 구분하면 읽고 이해하는 게 쉬워진다.

I went / to a book store / to buy an English book / after school. 나는 갔다 / 책방에 / 영어책을 사러 / 방과 후에

영어식으로 읽고 해석하는 습관을 들이면, 우리말 식으로 바꾸는 중간 단계를 거치지 않기 때문에 듣고 이해하는 속도가 빨라지고, 영미인과 대화를 나눌 때는 바로 바로 말을 하는 게 가능해진다.

좀 더 긴 문장을 영작할 경우도 영어식으로 하면 쉬워진다. 예를 들어서 "깊은 바다의 온도는 지리학적 위치에 상관없이 일 년 내내 매우 균일하다." 이 말을 영어식으로 바꾸면 "깊은 바다의 온도는 / 매우 균일하다 / 일 년 내내 / 지리학적 위치에 상관없이"가 된다. 따라서 영작은 다음과 같이 순서대로 단어를 사용하여 나열하면 완성된다.

깊은 바다의 온도는: The temperature of the deep sea
매우 균일하다: is very uniform
일 년 내내: throughout the year

지리학적 위치에 상관없이: regardless of geographical location

"The temperature of the deep sea / is very uniform / throughout the year / regardless of geographical location."

2. 독해위주 영어 공부 : 1석 3조 공부법

일반적으로 영어 공부를 하는 사람들의 공통점은 문법, 단어와 숙어, 그리고 독해를 각각 따로 공부한다는 점이다. 그런데 이런 방법으로 영어공부를 하면 투자하는 공부시간에 비해서 효과가 떨어지고 영어 실력이 향상되지 않는다. 문법, 단어와 숙어, 그리고 독해를 한꺼번에 해결할 수 있는 공부방법이 있다면 얼마나 좋을까?

그 방법이 바로 ASK 공부법을 적용하여 '독해위주로 공부'함으로써 1석 3조의 효과를 얻는 방법이다. 독해위주의 공부1석를 한 달만 적용하면 영어식으로 공부하는 습관이 생기고, 문법이 정리되며, 단어와 숙어가 정리된다.3조 ASK 공부법을 적용한 '독해위주의 영어공부"는 의외로 쉽다. 노트 한 권을 준비하여 다음과 같은 방법으로 진행하면 된다.

1. 독해할 문장을 노트 왼쪽 면에 손으로 쓴다.

2. 주어, 동사, 목적어를 구분하고 영어식으로 해석하기 시작한다.

3. A 단계: 모르는 단어와 숙어, 문법이 있으면 밑줄을 긋고 표시한다. 모르는 문법에는 번호를 붙인다.

4. S 단계: 모르는 단어와 숙어를 찾아서 독해 문장 밑에 정리한다. 노트 오른쪽 면에는 문법들을 정리한다.

5. K 단계: 새로 알게 된 단어, 숙어, 문법을 이용하여 영작/대화를 해본다.

이상과 같이 독해 위주로 영어공부를 한 달만 하면, 영어식으로 해석하는 습관이 들고, 문법이 정리가 되며, 단어와 숙어의 뜻과 쓰임새를 정확하게 알 수 있게 된다. 처음에는 정리할 문법들이 많아서 시간이 많이 걸리지만, 2주간 지나면 대부분의 문법들이 정리된다. 또한 독해 위주로 공부하면서 배운 단어와 숙어는 오랫동안 기억된다.

[독해위주 영어 공부의 예]

▶ 독해할 문장(노트 왼쪽 면에 정리)

Most parents <u>are busy in correcting</u> their children's mistakes. They usually advise, "Don't do such a thing. And you may do this, <u>instead of it</u>." But in my opinion, this is not a good way ① <u>to deal with</u> your children. Children often <u>complain</u> ② <u>that parents never listen to them</u>. If you really want ① <u>to understand</u> your daughter, <u>put yourself in her place</u> and <u>try talking</u> to her. In this case, don't insist ② <u>that you know more or that your opinion is more important.</u> But, instead you <u>had better</u> try to understand them.

    * ①과 ②는 각각 'to 부정사'와 '관계대명사'에 관한 문법에 관한 것으로 문법책을 찾아서 그 내용을 노트 오른쪽 면에 정리한다.

▶ 단어와 숙어 정리 예(노트 왼쪽 면의 독해할 문장 밑에 정리)

be busy in ~ing : ~하기에 바쁘다

correct : 고치다, 바로잡다

advice : 충고하다. 권하다

instead of ~ : ~ 대신에

deal with ~ : ~을 다루다. 처리하다

complain : 불평하다

put oneself in one's place : 누구의 입장에서 생각하다,
　　누구의 입장이 되어서

try ~ing ꞊ try to ~ : ~하려고 노력시도하다

had better + 동사원형 : ~하는 편이 낫다

영어식 해석 : 대부분의 부모들은/바로잡느라 바쁩니다/자기 자녀들의 실수를/. 그들은 일반적으로 충고합니다/"하지 마라 그런 일을/그리고 이것을 하는게 좋아/그 일 대신에"/. 그러나 내 의견으로는/이것은 좋은 방법이 아닙니다/당신의 자녀들을 다루는/. 아이들은 종종 불평합니다/부모님들은 전혀 자녀들에게 귀 기울이지 않는다고/. 만

약 당신이 진정으로 원한다면/당신의 딸을 이해하기를/당신을 딸의 입장이 되어서/딸과 대화를 해보세요/. 이 경우에/주장하지 마세요/당신이 더 많이 알고 있고/당신의 의견이 더 중요하다는 것을/. 그러나 대신에/당신의 딸을 이해하려고 노력하는 편이 낫습니다.

▶ 문법 정리 예(노트 오른쪽 면에 정리)

1. 부정사

- 형태: to + 동사원형 To 부정사
- 용법: 명사적 용법, 형용사적 용법, 부사적 용법

1) 명사적 용법

~ 부정사가 문장 안에서 주어, 보어, 목적어의 자리에 위치하여 명사의 역할을 하는 것

① 주어 자리

- <u>To understand him</u> is not easy. = **It** is not easy **to understand him**. 그를 이해하는 것은 쉽지 않다.

② 보어 자리 (주어 = 주격 보어)

- <u>To do good</u> is <u>to be happy</u>. 착한 일을 하는 것이 행복해지는 것

이다

③ 목적어 자리

- I don't know <u>what to do</u>. 나는 무엇을 해야 할지 모르겠다
- I have no choice but <u>to go there</u>. 나는 거기에 갈 수 밖에 없다

2) 형용사적 용법

~ 부정사가 문장 안에서 명사나 대명사를 꾸미는 형용사
역할을 하는 것

① 한정용법: 부정사가 명사나 대명사를 직접 한정하여
수식하는 경우

- I have <u>no reason</u> <u>to go there</u>. 나는 거기 갈 이유가 없다
- Please give me <u>something</u> <u>to drink</u>. 마실 것을 좀 주세요

② 서술용법: 부정사가 불완전 자동사의 보어, 또는 be
동사 다음에 와서 주어를 설명하는 경우

- He seems <u>to be</u> happy. 그는 행복한 것 같다 ~ 불완전 자
  동사 seem의 보어

   = **It** seems **that** he is happy.

- He <u>is to leave</u> tomorrow. 그는 내일 떠날 예정이다~ 예정
  을 나타내는 보어

= He **will** leave tomorrow. = He is **planned to** leave tomorrow.

- You **are to do** homework tonight. 오늘 저녁 숙제를 해야 한다~ 의무를 나타내는 보어

= You **should** must 또는 have to do homework tonight.

3) 부사적 용법

~ 부정사가 문장 안에서 동사를 꾸미는 부사 역할을 하는 것

① 원인 (~해서, ~하고)

- He <u>smiled to see</u> the sight. 그는 그 광경을 보고 웃었다
- I am <u>sorry to give</u> you trouble. 폐를 끼쳐서 미안하다

② 조건 (~한다면, ~위해서는)

- <u>To have him here</u>, we should invite him. 그를 여기 모시려면, 우리는 그를 초청해야 한다
- <u>To go for picnic,</u> I must finish this work today. 소풍가기 위해서는 이 일을 오늘 마쳐야 한다.

③ 목적 (~을 하기 위해, ~하려고)

- He worked hard <u>to pass</u> the math exam. 그는 수학시험을 합격하기 위해 열심히 공부했다

= He worked hard **in order to** pass the math exam.

= He worked hard **so that** he **might** pass the math exam.

= He worked **so** hard **as to** pass the math exam.

④ 결과 (~하여 그 결과로) ~~되다)

- He grew up <u>to be a professor</u>. 그는 자라서 교수가 되었다

- He did his best, <u>only to fail</u> in the math exam.

= He did his best, **but failed** in the math exam. 그는 최선을 다 했지만, 수학시험에 실패했다

⑤ 이유 (~을 보니 ~하다)

- He **must be** poor <u>to ask</u> you for some money. 너에게 돈을 요구하는 걸 보니, 그는 틀림없이 가난하다

* must be ~ : ~임에 틀림없다.

⑥ 정도 (~하기에 ~하다)

- He is <u>old enough</u> **to live** alone. 그는 혼자 살기에 충분한 나이가 되었다

- This book is <u>too difficult</u> **to understand**. 이 책은 이해하기에 너무 어렵다)

* A^{(형용사} <u>enough to</u> B^{동사원형} : ~B하기에 충분히 A한

* <u>too</u> A <u>to</u> B : 너무 A해서 B 할 수 없는 ^{또는 B하기에}
너무 A한

☞ Tip: 부정사의 부사적 용법을 "인조 목걸이 정도는
양보하지"로 암기하면 쉽다. 원인/조건/목적/결과/이유/
정도

위와 같은 방법으로 독해 문장에 표시한 나머지 문법들
에 대하여 정리한다.

ASK 공부법 적용사례 8

　　나는 고등학교 때부터 영어를 너무 싫어했고, 그래서 공부한 적도 없었다. 고등학교 졸업한 후에 바로 봤던 토익에서 490점 정도를 맞았다. 대학에 입학하고 나서도 영어공부를 안 하다가, 2학년 때부터 영어공부를 시작했다. 2학년 때에 봤던 토익점수는 500점이 안 되었다. 읽기 문제를 풀 때에는 항상 시간이 부족하고 모르는 부분도 많았다.

　　그러나 ASK 공부법을 적용하여 영어 공부를 하기 시작하면서 효과가 나기 시작했다. 영어를 해석할 때에는 한국어식으로 해석하지 않고, 영어식으로 해석하는 훈련을 했는데 결과는 놀라웠다. 영어식으로 해석하는 방법은 듣기 listening에도 응용이 되어서 더 빨리 알아들을 수 있었다.

　　단어, 문법, 독해를 각각 따로 공부하던 방법에서 탈피하여 ASK 공부법에 따라 독해 위주로 영어공부를 하기 시작했다. 독해 위주로 공부하면서 문장해석에 필요한 모르는 문법들에 줄을 그어 표시를 하고, 문법들을 노트에 따로 정리하였다. 단어는 따로 외우지 않았고, 독해하면서 필요한 모르는 단어가 있다면 그때그때 찾아보면서 정리했다. 이런 식으로 책 2권 정도를 풀었는데 모르는 단어나 문법이 처음에는 많았지만, ASK 공부법으로 공부할수록 모르는 것들이 줄어들었다. 그 후 토익 시험을 보았는데 730점을 받았다. 앞으로 1년간 더 준비하면서 ASK 공부법으로 공부한다면 더 오를 것이다.

전북대학교 화학공학부 백△△)

3. 받아쓰기 위주의 영어회화 공부

타인과 대화를 하기 위해서는 상대방의 말을 들을 수 있어야 한다. 상대방이 무슨 말을 하는지 듣지 못한다면, 적절한 대답을 못하고 대화가 이어지지 않으며, 결국에는 소통이 되지 않는다. 따라서 영어 회화를 잘 하기 해서는 듣기 능력listening ability 이 좋아야 한다. 어떻게 하면 듣기 능력을 향상시킬 수 있을까?

그 방법은 ASK 공부법을 적용하여 받아쓰기 위주로 회화공부를 하는 것이다. 영어회화 교재와 대화가 녹음된 파일을 준비하여 다음과 같이 하면 된다.

>>> A 단계

A와 B가 하는 대화하는 내용을 주위 깊게 들으면서 들리는 대로 받아쓴다. 무슨 말인지 들을 수 없는 단어는 괄호

로 표시한다. 더 이상 받아쓸 수 없을 때까지 반복 들으면서 안 들리는 부분을 아래와 같이 로 표시한다.

A: Did you (   ) (   ) on (   ) (   ) trip?

B: No. I (   ) had (   ) for 5 years.

A: What? I quess you're a (   ).

B: I don't know. I work (   ) hours (   ).

>>> S 단계

더 이상 받아쓸 수 없으면, 영어회화 교재를 펴서 A와 B 가 나눈 대화문을 확인한다. 일반적으로 단어의 액센트, 강 약, 그리고 연음되는 단어들 때문에 잘 듣지 못한다. 따라서 A 단계에서 표시한 것, 즉 제대로 듣지 못한 단어와 연음되 어 발음된 단어들이 무엇인지를 확인하고, 어떻게 발음되는 지를 따라서 해본다. 아래 대화문에서 괄호 친 부분들은 A 단계에서 반복하여 들을 때 제대로 듣지 못한 것들이다. 액 센트, 강약, 연음된 발음 등을 확인하면서 귀에 익숙해질 때 까지 반복하여 듣는다.

A : Did you (go) (away) on (a) (summer) trip?

B : No. I (haven't) had (a vacation) for 5 years.

A : What? I guess you're a (workaholic).

B : I don't know. I work (50 to 60) hours (a week).

S 단계에서 알게 된 단어와 숙어 또는 문장을 이용하여 일기를 쓰거나, 영작문을 한다. 나아가 친구 또는 외국인과 영어로 대화를 하면서 배운 내용들을 응용해본다. 그러지 못할 경우 혼자 독백으로 반복하여 연습해도 좋다. 이상과 같이 받아쓰기 위주로 한 달만 연습하면 듣기 능력이 놀라울 정도로 향상되고, 영어회화에 자신감이 생겨서 원주민과의 대화가 더 이상 두렵지 않게 된다.

맺는 말

어떤 일을 효과적으로 하기 위해서는 먼저 그 일의 목적을 달성하는 데 필요한 원칙을 세워야 한다. 그리고 원칙에 따라 추진 전략과 방법을 생각하여 일을 수행해야 한다. 원칙이 없을 경우 많은 시행착오를 겪으면서 시간과 돈과 에너지를 낭비하게 되고, 원하는 성과는 얻지를 못한다. 따라서 무슨 일을 하건 원칙을 먼저 세우고 전략과 방법을 생각하는 게 좋다. 공부도 마찬가지고 생각한다.

전북대학교는 '평생지도 교수제'를 운영하고 있다. 대학교에 입학하면, 학생들에게는 지도교수가 정해진다. 한번 지도교수가 정해지면 졸업할 때까지, 그리고 졸업 후 평생까지도 지도교수가 멘토링을 하는 제도이다. 매학기 초가 되면 학생들과 상담을 한다. 학생들과 상담을 하다가 알게 된 것은 대부분의 학생들이 '공부하는 것을 제일 힘들어 하고 싫어한다'는 것이다.

　나도 학창시절에 공부를 잘 하는 학생이 아니었기에, '공부를 못하는 이유가 무엇일까?'라는 고민을 하기 시작했다. 거듭되는 고민을 하던 중, 학생들이 공부를 잘 못하는 이유가 있을 것이고, 효과적인 공부를 위해서는 공부에도 원칙이 있어야 한다는 생각이 들었다. 이런 고민 끝에 개발된 것이 'ASK 공부법'이다.

　나는 교육학을 전공한 전문가가 아니다. 적성으로 말하자면, 나는 책 읽기를 좋아하는 '문학소년'이었지만, 공대에 입학하여 지금까지 적성과는 전혀 다른 길을 가고 있는 공학자이다. 현재의 나의 위치는 '적성보다 중요한 것은 꿈'이라는 믿음이 있었기 때문에 가능했다. 교육학 전공자는 아니지만, 제자들을 사랑하는 마음과 교육에 대한 열정이 있었기에 무식하지만 용감하게 'ASK 공부법'을 개발할 수 있었다고 생각한다. ASK 공부법을 개발한 후에 지도하는 학생들에게, 그리고 내 수업을 수강하는 학생들에게 소개했다. 초기에는 ASK 공부법을 적용하는 학생들이 많지 않았다. 학생들은 그동안에 익숙해진 나름대로의 공부 방법, '아는 것 위주'의 공부법을 고수했다. 그러던 어느 날, 강의를 마치고 나오는 데 한 학생이 쫓아 와서 말했다. "교수님, ASK 공부법을 적용했더니 공부하는 게 재미있어 졌어요!" 그 학생의 말 한마디가 얼마나 고마웠는지 모른다. ASK 공부법에 대한 확신을 가지고 학생들에게 적용하기를 권하는 계기가 되었다. 지난 3년 동안 학생들에게 ASK 공부법을 소개하는 것을 멈추지 않았다. 감사하게도 지금은 많은 학생들이 적용하여 좋은 결과를 내고 있으며, 그 결과를 적용 사례와 함께 내게 보고해주고 있다.

가끔은 내가 ASK 공부법을 초등학교아니 중학교, 아니 고등학교, 아니 대학교, 아니 대학원 시절에 진작 알았더라면, 나는 지금 보다 훨씬 더 좋은 위치에 있지 않았을 까라는 쓸데없는 욕심(?)을 부려보기도 한다. 그러나 나는 '현재의 나' 가 좋다. 왜냐하면, 내가 학창시절에 공부를 잘 하는 학생이었다면, 내가 지도하는 학생들이 공부 잘하는 유명 대학교의 학생들이었다면, 아마도 나는 ASK 공부법을 개발하려고 하지 않았을 것이기 때문이다.

'ASK 공부법'은 학생들 간에 경쟁심을 유도하는 공부법이 아니다. 누구나 갖고 있는 지적 호기심을 충족시키는 공부법이기 때문에 '스스로 공부'를 유도한다. ASK 공부법은 남녀노소, 지식의 고하를 막론하고 모든 분야에 적용할 수 있는 학습법이다. 공부를 잘 못하는 학생들에게는 더욱 효과가 뚜렷한 공부법이다. ASK 공부법을 통해서 공부 때문에 세계에서 가장 많은 스트레스를 받는 우리의 자녀들이, 학부모들이 행복했으면 좋겠다.

2016년 6월 어느 날
연구실에서 한윤봉

한윤봉 교수

직장 및 주소
- 전북대학교 화학공학부 교수
- 전주시 덕진구 백제대로 567, 전북대학교 공대 6호관

학력 및 주요 경력
- 한양대(학사)/서울대(석사)/University of Utah(공학박사)
- 2015~현재　　한국과학기술 한림원 정회원
- 1991~현재　　전북대학교 화학공학부 교수
- 2006~현재　　(BK21플러스)미래에너지소재소자사업단 단장
- 2007~현재　　대학원 반도체囗화학공학부 학부장
- 2011~현재　　국가지정 선도우수연구실(NLRL) 책임교수
- 2011~현재　　한국창조과학회 부회장
- 2004~2014　　과학기술 앰배서더 (한국과학창의재단)
- 2005~2006　　나노소재공정센터 센터장
- 2001~2002　　치바대학교(일본) 광전자정보프론티어연구소 초청교수
- 1998~1999　　University of Florida 재료공학과 초청교수
- 1988~1991　　(주)LG금속 연구소 선임연구원
- 1980~1982　　한국동력자원연구소 연구원

주요 저서 및 연구 실적
- 3眞 9事 - 3가지 진리와 9가지 사실 (2011.7. 대장간)
- Metal Oxide Nanostructures and Their Applications (5 volume set, American Scientific Publishers, USA, 2010)
- The Blue Light-Emitting Diodes (VDM Verlag, USA, 2010)
- Zinc Oxide Nanostructures, Encyclopedia of Nanoscience and Nanotechnology, vol 25, 241-284 (American Scientific Publishers, USA, 2011).
- 일반화학 실험(청문각, 1998),
- 자연과학과 기원(생능출판사, 2009),
- SCI 논문 250편, 특허 출원/등록 25건

주요 수상 실적

- 2016. 4　　　미국세라믹학회(ACerS) Global Ambassador
- 2005, 2011, 2014, 2015 세계 100대 과학자 (영국국제인명센터, IBC)
- 2015. 6　　　CMCEE 2015 (캐나다) Best Poster 논문상
- 2014. 12　　유럽재료학회(E-MRS) Materials Science Lecturer
- 2013. 11　　IWFPE(유연인쇄전자 국제워크샵) 2013 Best Poster 논문상
- 2013. 7　　　NANO KOREA 2013 Best Poster 논문상 (2편)
- 2013. 2　　　미국 세라믹학회 2013 Best Poster 논문상
- 2011. 7　　　이달의 과학기술자상 (교육과학기술부)
- 2011. 12　　자랑스런 일고인 상 (제주제일고)
- 2008, 2009　전북대학교 학술상 (대상)
- 2007　　　　전북대학교 학술상 (최우수상)
- 2007　　　　최우수 논문상 (유럽연합재료학회, E-MRS)
- 2006　　　　최우수 논문상 (국제재료학회, IU-MRS)
- 2003　　　　KJChE 영문지 최우수 논문상
- 2003　　　　American Medal of Honor (미국국제인명센터, ABI)
- 2002　　　　제주를 빛낸 사람
- 1991　　　　Extractive Metallurgy Science Award (미국금속재료학회)

주요 연구 분야

- 금속 및 금속산화물 나노소재 제조와 이를 이용한 화학센서, 바이오센서, 태양전지, 광전자 나노소자 개발